定向培养军士生（航海类）系列教材

船舶电工工艺与电气测试

CHUANBO DIANGONG GONGYI YU DIANQI CESHI

李兆呛　李尊民　于蒙蒙 / 主　编
赵雪刚　崔文涛 / 副主编
孙庆云　王　松 / 主　审

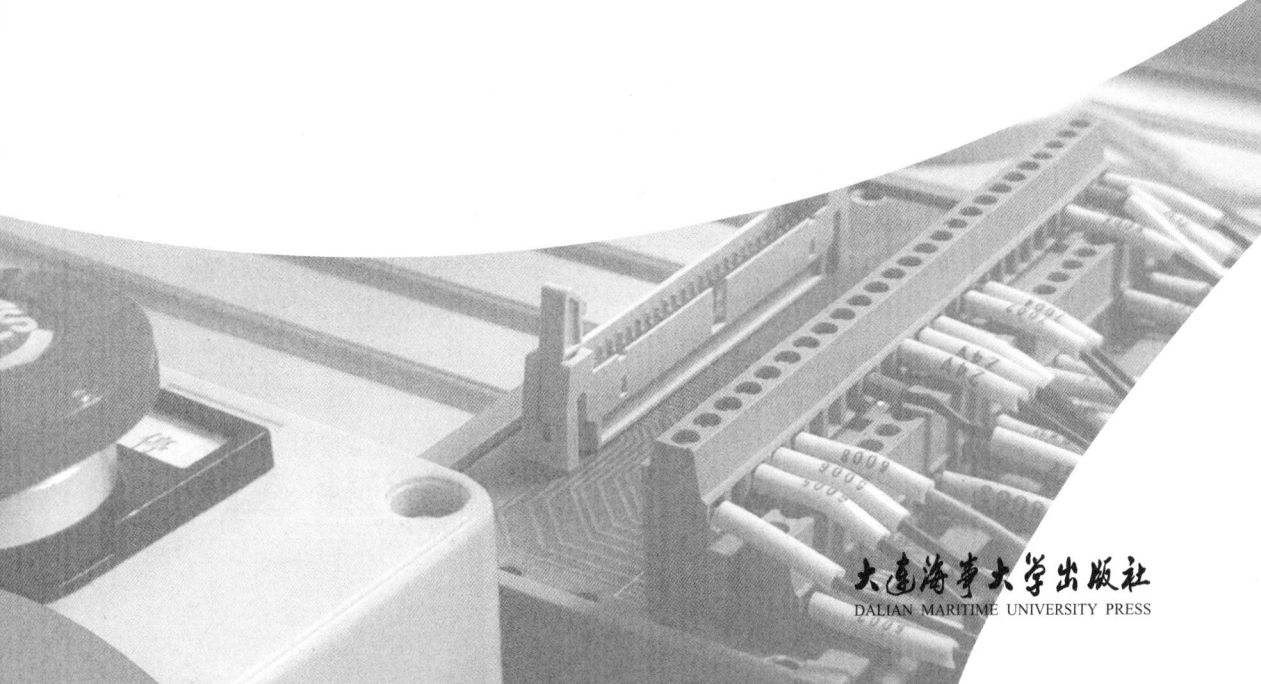

大连海事大学出版社
DALIAN MARITIME UNIVERSITY PRESS

Ⓒ 李兆呛　李尊民　于蒙蒙　2023

图书在版编目（CIP）数据

船舶电工工艺与电气测试／李兆呛，李尊民，于蒙
蒙主编. —大连：大连海事大学出版社，2023.12
定向培养军士生（航海类）系列教材
ISBN 978-7-5632-4478-2

Ⅰ.①船…　Ⅱ.①李…②李…③于…　Ⅲ.①船用电
气设备—电工技术—高等职业教育—教材②船舶—电气测
量—高等职业教育—教材　Ⅳ.①U665

中国国家版本馆 CIP 数据核字（2023）第 245615 号

大连海事大学出版社出版

地址:大连市黄浦路523号　邮编:116026　电话:0411-84729665(营销部)　84729480(总编室)
http://press.dlmu.edu.cn　E-mail:dmupress@dlmu.edu.cn

大连永盛印业有限公司印装　　　　　　　　　　**大连海事大学出版社发行**

2023 年 12 月第 1 版　　　　　　　　　　　　　2023 年 12 月第 1 次印刷
幅面尺寸:184 mm×260 mm　　　　　　　　　　　　　　　印张:16
字数:366 千　　　　　　　　　　　　　　　　　　　印数:1~2000 册

出版人:刘明凯

责任编辑:董玉洁　　　　　　　　　　　　　　　责任校对:张　华
封面设计:解瑶瑶　　　　　　　　　　　　　　　版式设计:解瑶瑶

ISBN 978-7-5632-4478-2　　　定价:48.00 元

定向培养军士生(航海类)系列教材
编委会

总序

随着全球化的不断发展和海洋资源的重要性日益凸显,航海成为军事、商业和科研的重要领域。航海科学与技术的不断进步和应用,为海上交通、海洋能源开发、海洋科学研究等领域提供了必要的支持。在军事方面,航海类专业人才能够为海军和海上部队提供必要的导航、海上安全和作战支援。

2012年,一些普通高等学校开始招收定向培养军士生,着力培养海军建设所需要的高素质海军军士人才。这是依托国民教育资源选拔培养海军军士人才的重要途径,是促进海军军士队伍现代化的重要举措。截至2023年7月,海军先后依托普通高等学校招收定向培养军士2.5万人。由此可见,海军定向培养军士已经成为海军军士队伍的重要组成部分。海军定向培养军士人才可以在海军舰队、潜艇、两栖舰艇等部队从事航海、航管和船舶维修等工作。

为了深入贯彻军民融合发展战略、服务部队备战打仗高度,滨州职业学院坚持为战育才,始终把战斗力标准贯穿定向培养军士工作的全过程,有针对性地制定培养方案、设置专业课程、配套教学保障,严把政治、身体、心理、专业关口,不断提高海军军士人才供给能力和水平。另外,滨州职业学院坚持"一盘棋"思想,严格遵循定向培养标准,及时根据用人单位反馈的培养质量调整海军军士人才培养方案,推动"供给侧"与"需求侧"精准衔接、良性互动,提高办学水平,提升培养质量,进而助力地方院校定向培养军士人才的质效提升。

为此,滨州职业学院牵头,组织了承担海军定向培养军士任务的业内专家和院校教师,共同编写了"定向培养军士生(航海类)系列教材"。本套教材首批共计五种,涵盖航海技术和轮机工程技术两个定向培养军士生专业,分别为《舰船定位与导航》《舰船仪器》《船舶防火与灭火》《舰船动力设备拆装与检修》《船舶电工工艺与电气测试》。

本套教材基于航海类专业的丰富资源,面向舰船工作岗位的特殊要求,汲取了学术界相关知识、理论和研究成果,参考了大量相关文献资料,将专业知识进行项目化整合、立体化呈现,将教材内容进行理实一体化编排,力求贴近实战、学以致用。

本套教材是海军定向培养军士的必备书目,也为有志于从事该领域的人提供参考。

海军定向培养军士职业发展前景广阔。在此,衷心祝贺"定向培养军士生(航海类)系列教材"正式出版。

2023年11月

编者的话

2021年5月,交通运输部等多部委联合出台了《关于加强高素质船员队伍建设的指导意见》,对提升船员职业素养,注重培训实效提出了具体要求。同年12月,教育部办公厅印发了关于《"十四五"职业教育规划教材建设实施方案》的通知,明确强调要加快建设新形态教材。适应结构化、模块化专业课程教学和教材出版要求,以真实生产项目、典型工作任务、案例等为载体组织教学,推动教材配套资源和数字教材建设,建设一批编排方式科学、配套资源丰富、呈现形式灵活、信息技术应用适当的融媒体教材。

为实施高素质船员队伍建设,进一步提升海船船员适任能力,2022年7月,中华人民共和国海事局发布了《海船船员考试大纲(2022版)》,对海船船员考试和评估的内容做出了较大调整,对评估规范有了更高的要求。因此,基于上述背景,本书在借鉴以往教材的基础上,融入了船舶电工方面的新工艺、新技术等,使本书更加丰富和完善。

本书内容分为基础技能以及专项技能两大模块。基础技能模块主要包括安全用电与防护技能、电工工具的使用与管理、电工仪表的使用与管理、船用电缆的切割与连接、电路板的维护与管理等电工通用基础知识及操作技能。专项技能模块则主要包括船用电机的维护与管理、电力拖动控制系统的维护与管理、船舶照明设备的维护与管理、蓄电池的过充电与电解液相对密度的测量,以满足海船轮机员对船舶电气设备的维护管理等需求。每一项目又分为若干任务,每一任务基本遵循学生的认知发展规律,按照"识结构"—"明原理"—"会操作"—"能管理"的框架进行内容的编排。本书语言简练易懂,配备了大量信息化图文影音资料,适用于职业院校学生和其他从事船舶电气相关行业的初学者。

本书的特点如下:

(1)内容更新:依据最新的海船船员考试大纲,本书对海船船员适任评估"船舶电工工艺与电气设备"科目的内容进行了更新,更符合当前培训要求。

(2)实用性强:本书在教学内容上遵循"以教师为指导、以学生为主体、教与学互动性强、突出实践性"的原则,内容通俗易懂,利于自学,理论知识尽量通俗化,技能教学内容具体、简洁、明确、易于操作。

(3)资源丰富:本书配套了丰富的多媒体教学资源,例如设备、仪表等结构与原理动画、操作技能视频录像等影音资料,方便学生进行自主学习和拓展学习,更好地提升自己的综合素质。

本书由李兆呛、李尊民、于蒙蒙主编,孙庆云和交通运输部北海航海保障中心青岛航标处王松轮机长主审,最后由李兆呛统稿。全书分为两大模块九个项目,其中项目三和项目七由李兆呛主编,项目一和项目六由李尊民主编,项目二和项目四由崔文涛主编,项目五由于蒙蒙主编,项目八和项目九由赵雪刚主编。同时,在本书编写过程中,还得到了滨州职业学院陆宝成轮机长、赵志强副教授、翟伟副教授以及王振二管轮的支持和建议,编者在此一并向他们表示衷心的感谢!

由于受课程设置、编者水平及时间所限,全体编写人员虽倾尽全力,仍难免有不妥之处,敬请读者给予批评指正。

编　者

2023 年 9 月

目录

基础技能模块

专项技能模块

附录部分

基础技能

模块

项目一

安全用电与防护技能

学习情境描述

1.任务引入

电能是优质的二次能源,是现代工业的基础。离开电,人们的工业生产和日常生活都无法正常进行。电能也是一把双刃剑,在造福人类的同时,也屡屡对人类造成危害。在我国,电气事故已成为引起人身伤亡、爆炸、火灾事故的重要原因之一。设备安装不恰当、使用不合理、维修不及时,或者安全用电知识缺乏,都有可能引发人身、设备事故。因此,船舶电气设备维护管理人员必须了解与掌握安全用电知识。

2.关键知识点

了解人体触电的类型和危害;掌握电工基本安全知识和设备运行安全知识。

3.关键技能点

能够判断触电的类型;能够掌握防止触电的安全措施;能够正确使用安全用具。

学习目标

1.知识目标

(1)了解人体触电的类型和危害;

(2)掌握电工基本安全知识;(重点)

(3)掌握防止触电的安全措施。(重点)

2.技能目标

(1)能够判断触电的类型;

(2)能够正确使用安全用具。

3.素质目标

(1)培养学生的安全规范操作意识;

（2）培养学生的团队协作、互助意识；

（3）培养学生的独立思考、探索创新精神。

📖 任务书

（1）针对某一起人身触电事故，指出其触电形式。

（2）在某场所发现人、设备违规的现象和用电隐患，指出并纠正其错误。

👥 任务分组

学生任务分配如表 1-1-1 所示。

表 1-1-1　学生任务分配表

班级			组号		指导 教师	
组长			学号			
组员	姓名		学号		任务	
	姓名		学号		任务	
	姓名		学号		任务	
	姓名		学号		任务	

一、活动前准备

🔳 引导问题 1：了解人体触电危害（如图 1-1-1 所示）。

图 1-1-1　人体触电

结合图 1-1-1，写出人体触电的危害。

_____

_____

_____

_____

◈引导问题 2：了解人体触电的类型（如图 1-1-2 所示）。

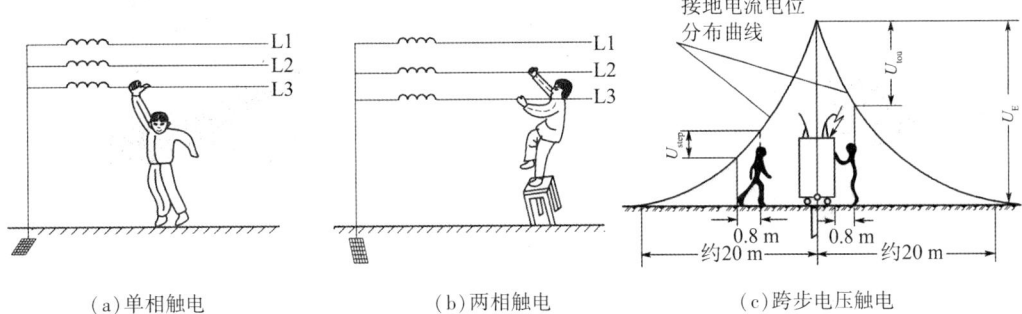

(a) 单相触电 　　　　　　(b) 两相触电 　　　　　　(c) 跨步电压触电

图 1-1-2　人体触电的类型

结合图 1-1-2，简述人体触电的类型以及特点。

_____

_____

_____

◈引导问题 3：接地和接零（如图 1-1-3 所示）。

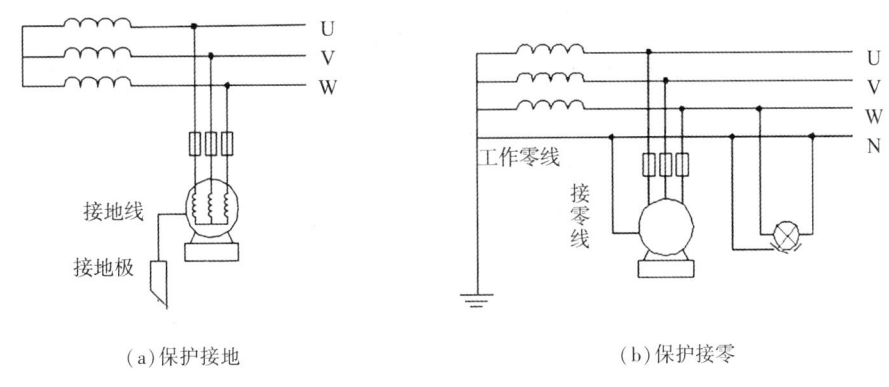

(a) 保护接地 　　　　　　　　　　　(b) 保护接零

图 1-1-3　接地和接零

结合图 1-1-3，简述保护接地和保护接零的保护实质及注意事项。

_____

_____

_____

◈引导问题 4：除保护接地、保护接零之外，其他的常用安全用电防护措施有哪些？

_____

_____

_____

_____

◆引导问题5：安全保护用具（如图1-1-4所示）。

（a）绝缘手套、绝缘鞋

（b）绝缘棒

（c）绝缘垫

图1-1-4 安全保护用具

结合图1-1-4,简述各安全保护用具的作用。

_____

_____

_____

_____

二、活动实施

1.制定工作方案（如表1-1-2所示）

表1-1-2 工作方案

步骤	工作内容	负责人

2.列出仪表、工具、耗材和器材清单（如表1-1-3所示）

表1-1-3 仪表、工具、耗材和器材清单

序号	名称	型号和规格	单位	数量	备注

3.按照本组制定的实施方案学习安全用电常识与防护技能
(1)领取仪表、工具、耗材和器材;
(2)检查仪表、工具、耗材和器材;
(3)正确使用安全用具。
4.考核标准
(1)能说出人体触电的类型及防护方法;
(2)能正确检查与使用防触电工具。

三、评价反馈

各组代表展示作品,介绍任务的完成过程。作品展示前应准备阐述材料,并完成评价表 1-1-4、表 1-1-5、表 1-1-6。

表 1-1-4　学生自评表

班级		组名		日期		
评价指标		评价要素			分值	得分
信息检索	能有效利用网络资源、工作手册查找有效信息;能用自己的语言有条理地去解释、表述所学知识;能将查找的信息有效转化到工作中				10	
感知工作	能否熟悉各自的工作岗位,认同工作价值;在工作中,是否获得满足感				10	
参与状态	与教师、同学之间是否相互尊重、理解、平等;与教师、同学之间是否能够保持多向、丰富、适宜的信息交流				10	
	探究学习、自主学习不流于形式,处理好合作学习和独立思考的关系,做到有效学习;能提出有意义的问题或能发表个人见解;能按要求正确操作;能够倾听、协作、分享				10	
学习方法	工作计划、操作技能是否符合规范要求;是否获得了进一步发展的能力				10	
工作过程	遵守管理规程,操作过程符合现场管理要求;平时上课的出勤情况和每天完成工作任务情况;善于多角度思考问题,能主动发现、提出有价值的问题				15	
思维状态	是否能发现问题、提出问题、分析问题、解决问题				10	
自评反馈	按时按质完成工作任务;较好地掌握专业知识点;具有较强的信息分析能力和理解能力;具有较为全面严谨的思维能力并能条理清晰地表述成文				25	
自评分数						
有益的经验和做法						
总结反思建议						

表 1-1-5　小组评价表

序号	评价项目	分值	小组评价					平均值
1	任务是否按时完成	20						
2	材料完成上交情况	10						
3	任务完成质量	30						
4	语言表达能力	15						
5	小组成员合作面貌	15						
6	创新点	10						

表 1-1-6　综合评价表

项目名称	评价内容	分值	评价分数		任务总评
			自评	师评	
职业素养考核项目 40%	穿戴规范、整洁	6			
	安全意识,责任意识,服从意识	6			
	积极参加教学活动,按时完成学生工作活页规定的任务	10			
	团队合作,与人交流能力	6			
	劳动纪律	6			
	生产现场管理 6S 标准	6			
专业核心能力考核项目 60%	专业知识查找及时、准确	12			
	操作符合规范	18			
	操作熟练度,工作效率	12			
	完工质量	18			

注:评价档次统一采用 A(优秀)、B(良好)、C(合格)、D(努力)4 个。

任务二　触电急救技术

建议学时:2学时

学习情境描述

1.任务引入

电流对人体的损伤主要是电热所致的灼伤和强烈的肌肉痉挛,这会影响到呼吸中枢及心脏,引起呼吸抑制或心搏骤停,严重电击伤可致残,甚至直接危及生命。触电急救的关键是动作迅速、救护得法。一定要坚持在现场抢救,切不可惊慌失措,造成可当场救活的人,由于救治不及时、不得法而失去生命。

2.关键知识点

触电急救原则,脱离电源,触电后的紧急救护。

3.关键技能点

脱离高压电源,脱离低压电源,对触电者进行急救。

学习目标

1.知识目标

(1)掌握触电急救原则;(重点)

(2)了解如何脱离高压电源、低压电源;

(3)掌握触电后的急救方法。(重点)

2.技能目标

(1)能够掌握脱离电源的方法;

(2)能够对触电者进行触电后的检查;

(3)能够对触电者进行正确的急救。

3.素质目标

(1)培养学生的安全规范操作意识;

(2)培养学生的团队协作、互助意识;

(3)培养学生的独立思考、探索创新精神。

任务书

能够对触电者进行合理的救治。

任务分组

学生任务分配如表1-2-1所示。

表1-2-1　学生任务分配表

班级			组号		指导教师	
组长			学号			
组员	姓名		学号		任务	
	姓名		学号		任务	
	姓名		学号		任务	
	姓名		学号		任务	

一、活动前准备

　　人触电以后,会出现神经麻痹、呼吸中断、心脏停止跳动等征象,外表上也呈现昏迷不醒状态。这种情况不应认为是死亡,应迅速、持久地进行抢救。据统计,从触电后1 min 开始救治者90%的可复苏;从触电后6 min 开始救治者复苏率下降到10%;而从触电更长一些时间开始救治者,救活的可能性很小。可见,救治及时是非常重要的。对于广大从事电气作业的人员有必要学习和培训应急救护技能。合理地运用抢救方法,很有可能把触电者从致命电击的"死亡线"上挽救过来。

引导问题 1:触电急救的原则(如图 1-2-1 所示)。

(a)迅速脱离电源　　　　(b)就地进行抢救　　　　(c)准确进行救治

图 1-2-1　触电急救的原则

结合图 1-2-1 所示,写出触电急救的原则。

_____

_____

_____

引导问题 2:脱离低压电源(如图 1-2-2 所示)。

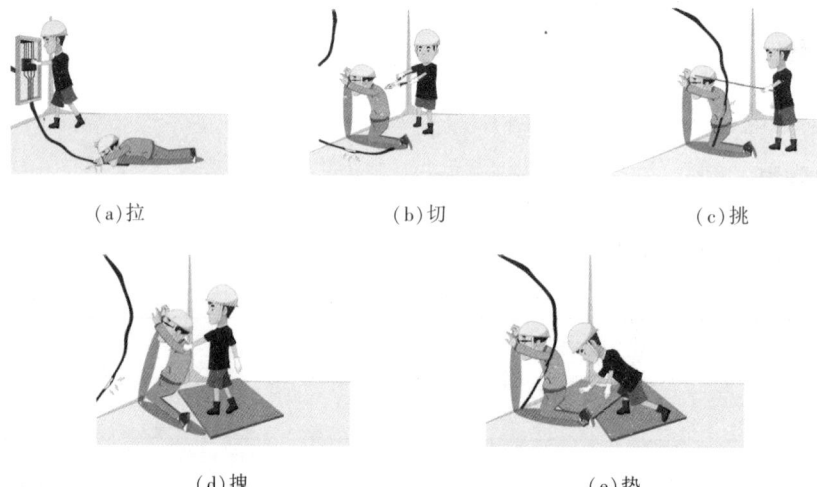

(a)拉　　　　　　　(b)切　　　　　　　(c)挑

(d)拽　　　　　　　　　(e)垫

图 1-2-2　脱离低压电源

结合图 1-2-2,写出触电后脱离低压电源的步骤。

_____

_____

_____

引导问题 3:脱离高压电源

查询资料,写出触电后脱离高压电源的步骤。

_____

引导问题 4：伤员脱离电源后的处理（如图 1-2-3 所示）。

（a）检查呼吸

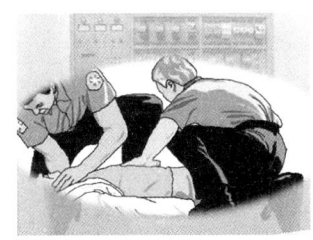

（b）检查心跳

图 1-2-3 伤员脱离电源后的处理

结合图 1-2-3，简述伤员脱离电源后的处理过程。

引导问题 5：触电急救（如图 1-2-4 所示）。

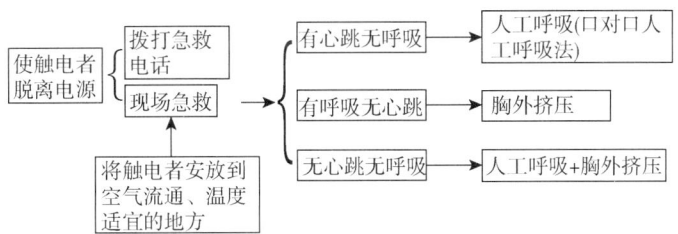

图 1-2-4 触电的紧急救护

结合图 1-2-4，简述触电后的急救过程。

引导问题 6：注意事项。

叙述触电救护过程中的注意事项。

二、活动实施

1.制定工作方案(如表1-2-2所示)

表1-2-2　工作方案

步骤	工作内容	负责人

2.列出仪表、工具、耗材和器材清单(如表1-2-3所示)

表1-2-3　仪表、工具、耗材和器材清单

序号	名称	型号和规格	单位	数量	备注

3.按照本组制定的实施方案进行万用表的使用

(1)领取仪表、工具、耗材和器材;

(2)检查仪表、工具、耗材和器材;

(3)进行触电急救。

4.考核标准

(1)能说出不少于三种使触电人员脱离电源的方法;

(2)能正确说出伤员脱离电源后的处理流程;

(3)能正确地对触电人员实施心肺复苏术(5 min 内完成)。

三、评价反馈

各组代表展示作品,介绍任务的完成过程。作品展示前应准备阐述材料,并完成评价表1-2-4、表1-2-5、表1-2-6。

表 1-2-4 学生自评表

班级		组名		日期			
评价指标		评价要素				分值	得分
信息检索		能有效利用网络资源、工作手册查找有效信息;能用自己的语言有条理地去解释、表述所学知识;能将查找的信息有效转化到工作中				10	
感知工作		能否熟悉各自的工作岗位,认同工作价值;在工作中,是否获得满足感				10	
参与状态		与教师、同学之间是否相互尊重、理解、平等;与教师、同学之间是否能够保持多向、丰富、适宜的信息交流				10	
		探究学习、自主学习不流于形式,处理好合作学习和独立思考的关系,做到有效学习;能提出有意义的问题或能发表个人见解;能按要求正确操作;能够倾听、协作、分享				10	
学习方法		工作计划、操作技能是否符合规范要求;是否获得了进一步发展的能力				10	
工作过程		遵守管理规程,操作过程符合现场管理要求;平时上课的出勤情况和每天完成工作任务情况;善于多角度思考问题,能主动发现、提出有价值的问题				15	
思维状态		是否能发现问题、提出问题、分析问题、解决问题				10	
自评反馈		按时按质完成工作任务;较好地掌握专业知识点;具有较强的信息分析能力和理解能力;具有较为全面严谨的思维能力并能条理清晰地表述成文				25	
自评分数							
有益的经验和做法							
总结反思建议							

表 1-2-5 小组评价表

序号	评价项目	分值	小组评价					平均值
1	任务是否按时完成	20						
2	材料完成上交情况	10						
3	任务完成质量	30						
4	语言表达能力	15						
5	小组成员合作面貌	15						
6	创新点	10						

表 1-2-6　综合评价表

项目名称	评价内容	分值	评价分数		任务总评
			自评	师评	
职业素养考核项目 40%	穿戴规范、整洁	6			
	安全意识,责任意识,服从意识	6			
	积极参加教学活动,按时完成学生工作活页规定的任务	10			
	团队合作,与人交流能力	6			
	劳动纪律	6			
	生产现场管理 6S 标准	6			
专业核心能力考核项目 60%	专业知识查找及时、准确	12			
	操作符合规范	18			
	操作熟练度,工作效率	12			
	完工质量	18			

注:评价档次统一采用 A(优秀)、B(良好)、C(合格)、D(努力)4 个。

任务三　电气火灾消防技能

建议学时:2学时

💡 学习情境描述

1.任务引入

火灾给国家、社会和人民群众带来很大的损失。据统计,在全部已发生的火灾事故中,电气缘由引发的火灾,占全部火灾的 40% 左右,并有上升的趋势,故电气火灾不容无视。

电气火灾一般是指由于电气线路、用电设备、器具以及供配电设备出现故障性释放的热能。如高温、电弧、电火花以及非故障性释放的热能;如电热器具的炽热表面,在具备燃烧条件下引燃本体或其他可燃物而造成的火灾,也包括由雷电和静电引起的火灾。

2.关键知识点

了解电气火灾的原因及特点;掌握电气火灾的预防及扑救方法。

3.关键技能点

能够掌握正确的电气火灾扑救方法;能够选择合适的灭火器;能够正确使用灭火器。

学习目标

1.知识目标

(1)了解电气火灾的原因及特点;

(2)掌握电气火灾的预防措施;(重点)

(3)掌握电气火灾的扑救方法。(重点)

2.技能目标

(1)能够进行电气火灾的扑救;

(2)能够选择合适的灭火器并正确使用。

3.素质目标

(1)培养学生的安全规范操作意识;

(2)培养学生的团队协作、互助意识;

(3)培养学生的独立思考、探索创新精神。

任务书

针对某一起电气火灾事故,选择合适的方式进行扑救。

任务分组

学生任务分配如表1-1-3所示。

表1-3-1 学生任务分配表

班级			组号		指导教师	
组长			学号			
组员	姓名		学号		任务	
	姓名		学号		任务	
	姓名		学号		任务	
	姓名		学号		任务	

一、活动前准备

引导问题1:了解电气火灾产生的原因。

如图1-3-1所示为电气火灾产生的原因,查询资料,简述电气火灾产生的原因。

  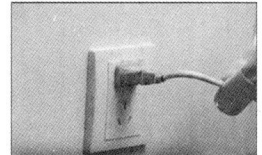

图1-3-1 电气火灾产生的原因

───────────────────────

引导问题2：与一般火灾相比，电气火灾的特点是什么？

───────────────────────

引导问题3：电气火灾的预防。

结合图1-3-2所示的电气火灾，写出电气火灾的预防措施。

───────────────────────

图1-3-2　电气火灾

引导问题4：电气火灾的扑救方法。

结合图1-3-3所示电气火灾的扑救方法，写出如何扑灭电气火灾。

───────────────────────

图1-3-3　电气火灾的扑救方法

引导问题5：灭火器的选择。

结合图1-3-4所示的各类灭火器，选择合适的电气火灾灭火器。

───────────────────────

图 1-3-4　各类灭火器

🔲引导问题 6：**静电的特性及危害**。

结合图 1-3-5,叙述静电的特性及危害。

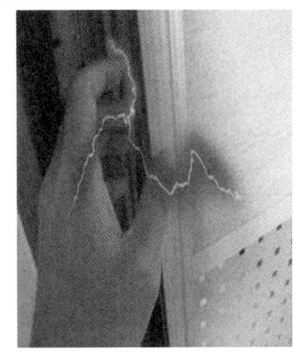

图 1-3-5　静电

🔲引导问题 7：**静电防护**。

结合图 1-3-6,写出静电的防护措施。

图 1-3-6　静电防护

二、活动实施

1.制定工作方案(如表 1-3-2 所示)

表 1-3-2　工作方案

步骤	工作内容	负责人

2.列出仪表、工具、耗材和器材清单(如表 1-3-3 所示)

表 1-3-3　仪表、工具、耗材和器材清单

序号	名称	型号和规格	单位	数量	备注

3.按照本组制定的实施方案进行万用表的使用

(1)领取仪表、工具、耗材和器材;

（2）检查仪表、工具、耗材和器材；

（3）正确使用灭火器。

4.考核标准

（1）能说出常见的电气火灾原因及预防措施（不少于3种）；

（2）能说出静电的危害及预防措施；

（3）能正确使用合适的灭火器扑灭电气火灾。

三、评价反馈

各组代表展示作品，介绍任务的完成过程。作品展示前应准备阐述材料，并完成评价表1-3-4、表1-3-5、表1-3-6。

表1-3-4　学生自评表

班级		组名		日期		
评价指标	评价要素				分值	得分
信息检索	能有效利用网络资源、工作手册查找有效信息；能用自己的语言有条理地去解释、表述所学知识；能将查找的信息有效转化到工作中				10	
感知工作	能否熟悉各自的工作岗位，认同工作价值；在工作中，是否获得满足感				10	
参与状态	与教师、同学之间是否相互尊重、理解、平等；与教师、同学之间是否能够保持多向、丰富、适宜的信息交流				10	
	探究学习、自主学习不流于形式，处理好合作学习和独立思考的关系，做到有效学习；能提出有意义的问题或能发表个人见解；能按要求正确操作；能够倾听、协作、分享				10	
学习方法	工作计划、操作技能是否符合规范要求；是否获得了进一步发展的能力				10	
工作过程	遵守管理规程，操作过程符合现场管理要求；平时上课的出勤情况和每天完成工作任务情况；善于多角度思考问题，能主动发现、提出有价值的问题				15	
思维状态	是否能发现问题、提出问题、分析问题、解决问题				10	
自评反馈	按时按质完成工作任务；较好地掌握专业知识点；具有较强的信息分析能力和理解能力；具有较为全面严谨的思维能力并能条理清晰地表述成文				25	
自评分数						
有益的经验和做法						
总结反思建议						

表 1-3-5　小组评价表

序号	评价项目	分值	小组评价					平均值
1	任务是否按时完成	20						
2	材料完成上交情况	10						
3	任务完成质量	30						
4	语言表达能力	15						
5	小组成员合作面貌	15						
6	创新点	10						

表 1-3-6　综合评价表

项目名称	评价内容	分值	评价分数		任务总评
			自评	师评	
职业素养考核项目 40%	穿戴规范、整洁	6			
	安全意识,责任意识,服从意识	6			
	积极参加教学活动,按时完成学生工作活页规定的任务	10			
	团队合作,与人交流能力	6			
	劳动纪律	6			
	生产现场管理 6S 标准	6			
专业核心能力考核项目 60%	专业知识查找及时、准确	12			
	操作符合规范	18			
	操作熟练度,工作效率	12			
	完工质量	18			

注:评价档次统一采用 A(优秀)、B(良好)、C(合格)、D(努力)4 个。

项目二
电工工具的使用与管理

任务一　认识常用电工工具

学习情境描述

1.任务引入

船舶上的生产、生活离不开电力的支持,电力系统的正常运行更需要电气设备维护人员的日常管理。为维护电力系统的正常运转,维修好电力设备,需要使用专门的电工工具。电工工具的质量好坏、使用正确与否都将影响施工质量和工作效率,同时也会影响电工工具的使用寿命和操作人员的安全。因此,电气操作人员必须了解常用电工工具的结构、性能以及正确使用的方法。

2.关键知识点

常用电工工具的名称、结构及用法;各种常用电工工具的安全使用注意事项。

3.关键技能点

电工钳的分类及使用,验电笔的使用,电工螺丝刀的分类及使用,电工刀的使用。

学习目标

1.知识目标

(1)掌握常用电工工具的结构与用途;(重点)

(2)掌握常用电工工具的安全使用注意事项。(重点)

2.技能目标

(1)能够正确区分各种常用电工工具;

(2)能够正确使用各种常用电工工具。(重点)

3.素质目标

(1)培养学生的安全规范操作意识;

（2）培养学生的团队协作、互助意识；

（3）培养学生的独立思考、探索创新精神。

📖 任务书

认识电工工具箱内所有的电工工具，能说出其名称、用途及用法，并能正确分类摆放。

👥 任务分组

学生任务分配如表 2-1-1 所示。

表 2-1-1　学生任务分配表

班级			组号		指导教师	
组长			学号			
组员	姓名		学号		任务	
	姓名		学号		任务	
	姓名		学号		任务	
	姓名		学号		任务	

一、活动前准备

🔳 引导问题 1：了解常用电工工具的种类。

电工工具的种类非常多，常见的有电工钳、验电笔、卷尺、电工扳手、螺丝刀、电工刀、手锤以及电动工具等，如图 2-1-1 所示。

图 2-1-1　常见电工工具

🔳 引导问题 2：了解各种电工钳。

电工钳常用的有钢丝钳、剥线钳、尖嘴钳、压线钳以及截断钳等，如图 2-1-2 所示。

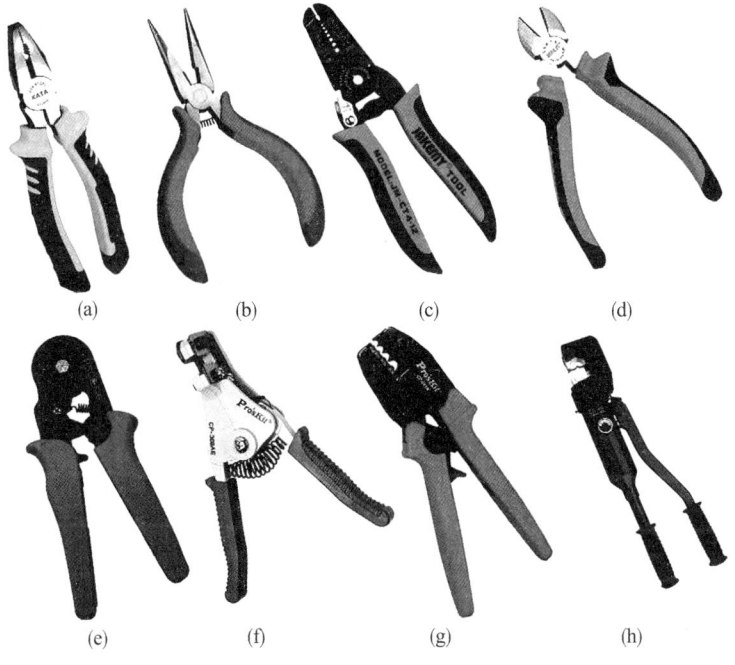

图 2-1-2　常用电工钳

根据图 2-1-2,简述各电工钳的具体名称及作用。

_____

_____

_____

_____

引导问题 3：了解验电笔。

1.了解低压验电笔

验电笔也叫测电笔,简称"电笔",是一种用来测试电线中是否带电的电工工具。根据使用电压等级,验电笔有高压验电笔(10 kV 以上)、低压验电笔(500 V 以下)以及弱电验电笔(6~24 V)三种。验电笔根据型号又可分为接触式、感应式以及两用型等,如图 2-1-3 所示。

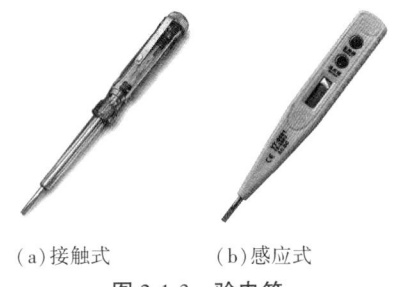

（a）接触式　　　（b）感应式

图 2-1-3　验电笔

以接触式为例,验电笔笔体中有一氖泡,测试时如果氖泡发光,说明导线有电或为通路的火线。验电笔的笔尖、笔尾由金属材料制成,笔杆由绝缘材料制成。

使用验电笔时,一定要用手触及验电笔尾端的金属部分,否则因带电体、验电笔、人体与大地没有形成回路,验电笔中的氖泡不会发光,造成误判,认为带电体不带电。

2.低压验电笔的使用方法

如图 2-1-4(a)所示,食指和中指夹住验电笔的绝缘部分,拇指按住验电笔尾端的金属触点,用笔头轻触带电体。同时氖管背光朝向使用者,以便验电时观察氖管辉光情况。当被测带电体与大地之间的电位差超过 60 V 时,用验电笔测试带电体,验电笔中的氖管就会发光。低压验电笔电压测试范围是 60~500 V。

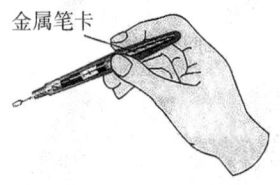
金属笔卡

(a)正确的使用方法　　　　(b)错误的使用方法

图 2-1-4　验电笔使用方法示例

3.低压验电笔使用前的检查

(1)验电笔应与被测设备的电压等级一致。

(2)检查标签、合格证是否齐全,合格证是否在试验合格的有效期内,合格证与试验报告单是否相符。工作触头与绝缘伸缩杆应分别有合格证。

(3)工作触头的金属部分连接牢固,无放电痕迹,按压试验按钮,有声光信号,初步检查验电器合格。

(4)验电笔的绝缘伸缩杆表面应清洁、干燥,无裂纹、破损及放电痕迹等明显缺陷,各绝缘伸缩杆应连接牢固。

(5)绝缘棒的绝缘部分与手持部分之间应有护环隔开。

(6)验电笔验电前应在电压等级相符的带电设备上验电,以证实验电笔带电设备良好。

4.用低压验电笔判断火线地线

叙述验电笔的使用方法,如何判断火线地线?

_____

_____

_____

5.用验电笔判断直流电、交流电及电压的高低

叙述验电笔如何判断直流电、交流电,如何判断电压的高低。

_____

_____

_____

小提示

(1)低压验电笔电压测试范围是 60~500 V;

(2)使用高压验电器验电时,应一人测试,一人监护;

（3）在雪、雨、雾及恶劣天气情况下不宜使用高压验电笔。

🔷**引导问题4：了解电工螺丝刀。**

电工螺丝刀是普通螺丝刀的绝缘型，主要用来紧固或拆卸螺钉。如图 2-1-5 所示，其主要有一字形（负号）和十字形（正号）两种，常见的还有六角螺丝刀以及异形螺丝刀等。一字形：其规格用柄部以外的长度表示，常用的有＿＿＿＿ mm 等。十字形：又称梅花形，一般有多种型号，其中：Ⅰ号适用于直径为＿＿＿＿ mm 的螺钉；Ⅱ、Ⅲ、Ⅳ号分别适用于直径为＿＿＿＿ mm、＿＿＿＿ mm、＿＿＿＿ mm 的螺钉。

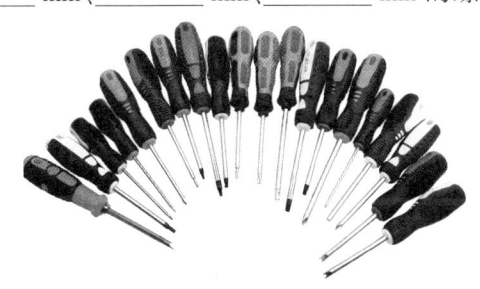

图 2-1-5　各种类型电工螺丝刀

简述电工螺丝刀的使用注意事项。

_____

_____

_____

_____

二、活动实施

1.制定工作方案（如表 2-1-2 所示）

表 2-1-2　工作方案

步骤	工作内容	负责人

2.列出仪表、工具、耗材和器材清单（如表 2-1-3 所示）

表 2-1-3　仪表、工具、耗材和器材清单

序号	名称	型号和规格	单位	数量	备注

3.按照本组制定的实施方案进行常用电工工具的使用

(1)领取仪表、工具、耗材和器材;

(2)检查仪表、工具、耗材和器材;

(3)按最佳方案进行常用电工工具的使用与测量。

4.考核标准

(1)根据考评员的指令,正确选用合适的电工工具(1 min 内);

(2)叙述给定的电工工具的名称、用途及展示使用方法(3 min 内)。

三、评价反馈

各组代表展示作品,介绍任务的完成过程。作品展示前应准备阐述材料,并完成评价表 2-1-4、表 2-1-5、表 2-1-6。

表 2-1-4　学生自评表

班级		组名		日期			
评价指标	评价要素					分值	得分
信息检索	能有效利用网络资源、工作手册查找有效信息;能用自己的语言有条理地去解释、表述所学知识;能将查找的信息有效转化到工作中					10	
感知工作	能否熟悉各自的工作岗位,认同工作价值;在工作中,是否获得满足感					10	
参与状态	与教师、同学之间是否相互尊重、理解、平等;与教师、同学之间是否能够保持多向、丰富、适宜的信息交流					10	
	探究学习、自主学习不流于形式,处理好合作学习和独立思考的关系,做到有效学习;能提出有意义的问题或能发表个人见解;能按要求正确操作;能够倾听、协作、分享					10	
学习方法	工作计划、操作技能是否符合规范要求;是否获得了进一步发展的能力					10	
工作过程	遵守管理规程,操作过程符合现场管理要求;平时上课的出勤情况和每天完成工作任务情况;善于多角度思考问题,能主动发现、提出有价值的问题					15	
思维状态	是否能发现问题、提出问题、分析问题、解决问题					10	
自评反馈	按时按质完成工作任务;较好地掌握专业知识点;具有较强的信息分析能力和理解能力;具有较为全面严谨的思维能力并能条理清晰地表述成文					25	
自评分数							
有益的经验和做法							
总结反思建议							

表 2-1-5 小组评价表

序号	评价项目	分值	小组评价				平均值
1	任务是否按时完成	20					
2	材料完成上交情况	10					
3	任务完成质量	30					
4	语言表达能力	15					
5	小组成员合作面貌	15					
6	创新点	10					

表 2-1-6 综合评价表

项目名称	评价内容	分值	评价分数		任务总评
			自评	师评	
职业素养考核项目 40%	穿戴规范、整洁	6			
	安全意识,责任意识,服从意识	6			
	积极参加教学活动,按时完成学生工作活页规定的任务	10			
	团队合作,与人交流能力	6			
	劳动纪律	6			
	生产现场管理 6S 标准	6			
专业核心能力考核项目 60%	专业知识查找及时、准确	12			
	操作符合规范	18			
	操作熟练度,工作效率	12			
	完工质量	18			

注:评价档次统一采用 A(优秀)、B(良好)、C(合格)、D(努力)4 个。

项目三

电工仪表的使用与管理

学习情境描述

1.任务引入

万用表是电工电子设备调试、检测及维护不可或缺的工具,是电工的"听诊器",用它可以检测出大部分设备的故障原因。万用表的使用及维护保养是所有涉电学科的必修科目,作为船舶电气设备管理技术人员,万用表的正确使用更是必备技能。

2.关键知识点

万用表结构、万用表原理、万用表保养要求。

3.关键技能点

万用表测量电压、电阻、电流;万用表检测二极管、三极管、晶闸管。

学习目标

1.知识目标

(1)掌握指针式万用表的结构;(重点)

(2)了解指针式万用表的工作原理;

(3)掌握万用表的安全使用注意事项。(重点)

2.技能目标

(1)能够用指针式万用表测量交流、直流电压;

(2)能够用指针式万用表测量直流电流;

(3)能够用指针式万用表测量电阻;

(4)能够用指针式万用表检测二极管、三极管、晶闸管。

3.素质目标

(1)培养学生的安全规范操作意识;

（2）培养学生的团队协作、互助意识；

（3）培养学生的独立思考、探索创新精神。

📖 任务书

学会万用表的使用及维护保养。

👥 任务分组

学生任务分配如表 3-1-1 所示。

表 3-1-1　学生任务分配表

班级			组号		指导教师	
组长			学号			
组员	姓名		学号		任务	
	姓名		学号		任务	
	姓名		学号		任务	
	姓名		学号		任务	

学习活动一　安全用电常识与防护技能

指针式万用表是一种多功能、多量程的测量仪表，一般万用表可测量直流电流、直流电压、交流电流、交流电压、电阻和音频电平等，有的还可以测电容、电感及半导体的一些参数（如 β 等）。万用表种类很多，主要分为指针式和数字式万用表，它们各有优点。对于电工初学者，建议使用指针式万用表，它对熟悉一些电子知识原理很有帮助。

一、　活动前准备

🔧 引导问题 1：了解指针式万用表的结构

图 3-1-1 所示为 MF47 指针式万用表，查询资料，完成下面填空。

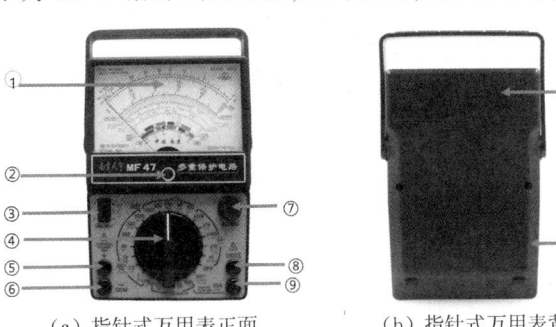

（a）指针式万用表正面　　　（b）指针式万用表背面

图 3-1-1　MF47 指针式万用表结构

根据图 3-1-1 所示的万用表,简述指示部分(①~⑪)的名称及作用。

_____

_____

_____

引导问题 2:了解指针式万用表的表盘。

结合图 3-1-2 所示指针式万用表的表盘,写出指针式万用表各刻度线的含义。

_____

_____

_____

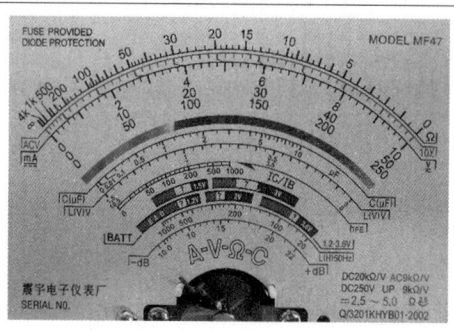

图 3-1-2　指针式万用表的表盘

引导问题 3:了解指针式万用表的转换开关。

结合图 3-1-3 所示指针式万用表的转换开关,写出各挡位的作用。

_____

_____

_____

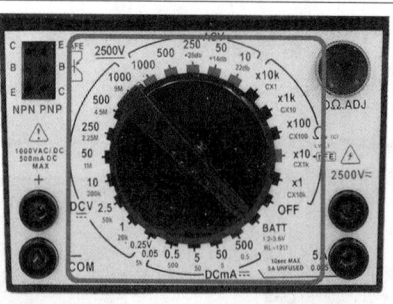

图 3-1-3　指针式万用表的转换开关

引导问题 4:了解指针式万用表的调零旋钮。

结合图 3-1-4 所示指针式万用表的调零旋钮,写出它们的作用或使用方法。

_____

_____

图 3-1-4 指针式万用表的调零旋钮

❖引导问题 5：万用表工作原理。

万用表的基本原理是利用一只灵敏的磁电式直流电流表(微安表)作为表头。如图 3-1-5 所示,在蹄形磁铁内,导线缠绕在圆柱形铁芯上,当导线有微小电流通过时,安培力的作用会使铁芯旋转,进而带动指针发生偏转。当安培力与螺旋形弹簧的阻力相等时,指针停止转动,进而指示电流大小。由于表头不能通过大电流,所以必须在表头上并联与串联一些电阻进行分流或降压,从而测出电路中的电流、电压和电阻。

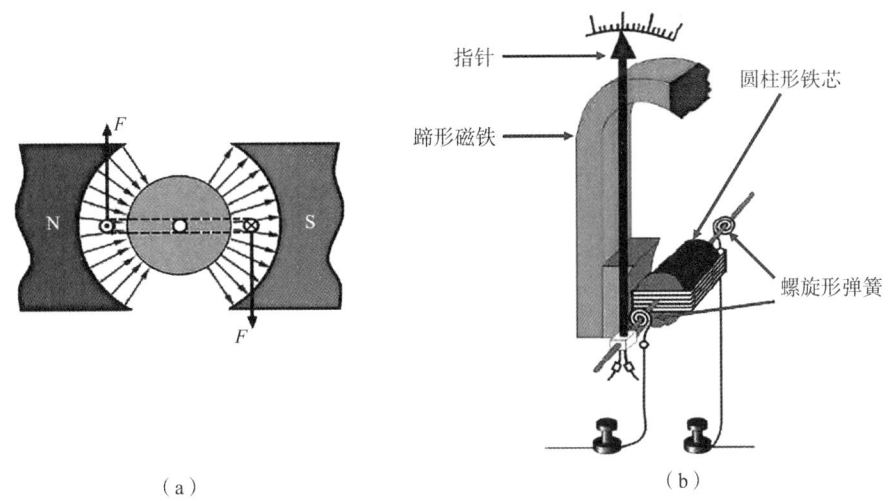

（a） （b）

图 3-1-5 指针式万用表表头工作原理

1.测量直流电流原理

如图 3-1-6(a)所示,在表头上并联一个适当的电阻(分流电阻)进行分流,就可以扩展电流量程。改变分流电阻的阻值,就能改变电流测量范围。

2.测量直流电压原理

如图 3-1-6(b)所示,在表头上串联一个适当的电阻(倍增电阻)进行降压,就可以扩展电压量程。改变倍增电阻的阻值,就能改变电压的测量范围。

3.测量交流电压原理

如图 3-1-6(c)所示,因为表头是直流表,所以测量交流时,需加装一个并串式半波整流电路,将交流进行整流变成直流后再通过表头,这样就可以根据直流电压的大小来测量交流电压。扩展交流电压量程的方法与直流电压量程相似。

4.测电阻原理

如图 3-1-6(d)所示,在表头上并联和串联适当的电阻,同时串接一节电池,使电流通过被测电阻,根据电流的大小,就可测量电阻值。改变分流电阻的阻值,就能改变电阻的量程。

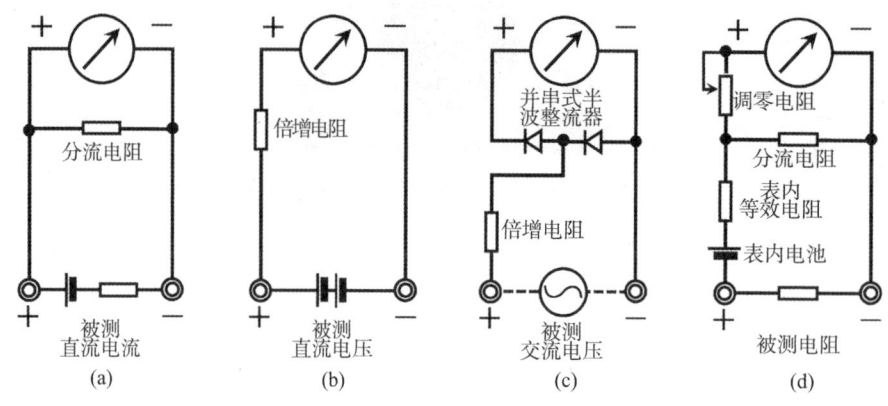

图 3-1-6　万用表测量原理

●引导问题6：指针式万用表使用前的检查。

指针式万用表使用前应熟悉转换开关、旋钮、插孔等的作用,检查表盘符号,"∏"表示_____放置,"⊥"表示_____放置；检查指针是否指在_____位,否则,应进行_____；检查红色和黑色两根表笔所接的位置是否正确,红表笔插入"_____"插孔,黑表笔插入"_____"插孔,同时应检查两表笔_____。

●引导问题7：指针式万用表测量交流、直流电压。

结合图 3-1-7,叙述用万用表测量交流、直流电压的方法、注意事项及读取表盘上的电压。

_____

_____

_____

_____

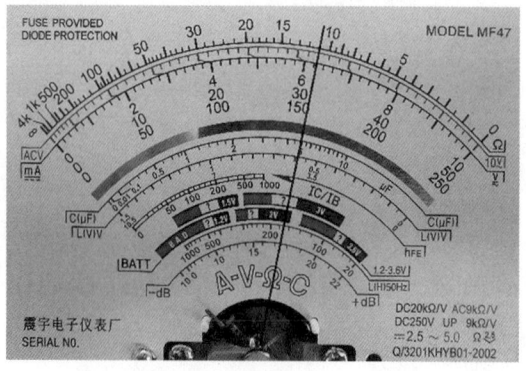

图 3-1-7　指针式万用表表盘读数

如图 3-1-7 所示,当万用表挡位分别打到交流 1 000 挡、交流 500 挡、交流 250 挡、交流 50 挡、交流 10 挡时,指针所示电压分别为多少?

引导问题 8:指针式万用表测量电阻。
叙述用万用表测量电阻的方法及注意事项。

_____

_____

_____

如图 3-1-7 所示,当万用表挡位分别打到欧姆挡×1、×10、×100、×1 k、×10 k 时,指针所示电阻分别为多少?

_____

_____

_____

_____

二、活动实施

1.制定工作方案(如表 3-1-2 所示)

表 3-1-2　工作方案

步骤	工作内容	负责人

2.列出仪表、工具、耗材和器材清单(如表 3-1-3 所示)

表 3-1-3　仪表、工具、耗材和器材清单

序号	名称	型号和规格	单位	数量	备注

3.按照本组制定的实施方案进行测量

(1)领取仪表、工具、耗材和器材；

(2)检查仪表、工具、耗材和器材；

(3)按最佳方案进行测量。

4.考核标准

(1)正确组装并检查指针式万用表；

(2)说出指针式万用表的各组成部分、指示面板各刻度线的含义(3 min 内完成)；

(3)正确使用万用表测量电阻和交(直)流电压(5 min 内完成)。

三、 评价反馈

各组代表展示作品,介绍任务的完成过程。作品展示前应准备阐述材料,并完成评价表 3-1-4、表 3-1-5、表 3-1-6。

表 3-1-4　学生自评表

班级		组名		日期		
评价指标	评价要素				分值	得分
信息检索	能有效利用网络资源、工作手册查找有效信息;能用自己的语言有条理地去解释、表述所学知识;能将查找的信息有效转化到工作中				10	
感知工作	能否熟悉各自的工作岗位,认同工作价值;在工作中,是否获得满足感				10	
参与状态	与教师、同学之间是否相互尊重、理解、平等;与教师、同学之间是否能够保持多向、丰富、适宜的信息交流				10	
	探究学习、自主学习不流于形式,处理好合作学习和独立思考的关系,做到有效学习;能提出有意义的问题或能发表个人见解;能按要求正确操作;能够倾听、协作、分享				10	
学习方法	工作计划、操作技能是否符合规范要求;是否获得了进一步发展的能力				10	
工作过程	遵守管理规程,操作过程符合现场管理要求;平时上课的出勤情况和每天完成工作任务情况;善于多角度思考问题,能主动发现、提出有价值的问题				15	
思维状态	是否能发现问题、提出问题、分析问题、解决问题				10	
自评反馈	按时按质完成工作任务;较好地掌握专业知识点;具有较强的信息分析能力和理解能力;具有较为全面严谨的思维能力并能条理清晰地表述成文				25	
自评分数						
有益的经验和做法						
总结反思建议						

表 3-1-5　小组评价表

序号	评价项目	分值	小组评价					平均值
1	任务是否按时完成	20						
2	材料完成上交情况	10						
3	任务完成质量	30						
4	语言表达能力	15						
5	小组成员合作面貌	15						
6	创新点	10						

表 3-1-6　综合评价表

项目名称	评价内容	分值	评价分数		任务总评
			自评	师评	
职业素养考核项目 40%	穿戴规范、整洁	6			
	安全意识,责任意识,服从意识	6			
	积极参加教学活动,按时完成学生工作活页规定的任务	10			
	团队合作,与人交流能力	6			
	劳动纪律	6			
	生产现场管理 6S 标准	6			
专业核心能力考核项目 60%	专业知识查找及时、准确	12			
	操作符合规范	18			
	操作熟练度,工作效率	12			
	完工质量	18			

注:评价档次统一采用 A(优秀)、B(良好)、C(合格)、D(努力)4 个。

学习活动二　指针式万用表测量二极管、三极管与晶闸管

引导问题 1:指针式万用表测量二极管。

普通二极管的检测是根据二极管的单向导电性,通过测量二极管的_____,可方便地判断二极管的好坏。一般将万用表打到_____挡,用黑表笔接二极管的正极,红表笔接二极管的负极,称为_____,所得的阻值称为_____,如图3-1-8(a)所示,图中实测正向电阻为 5.2 kΩ。一般二极管的正向电阻值为几千欧,此值越小越好。将万用表的黑表笔接二极管的负极,红表笔接二极管的正极,称为_____,所得的阻值称为_____,如图3-1-8(b)所示,图中实测反向电阻为无穷大。

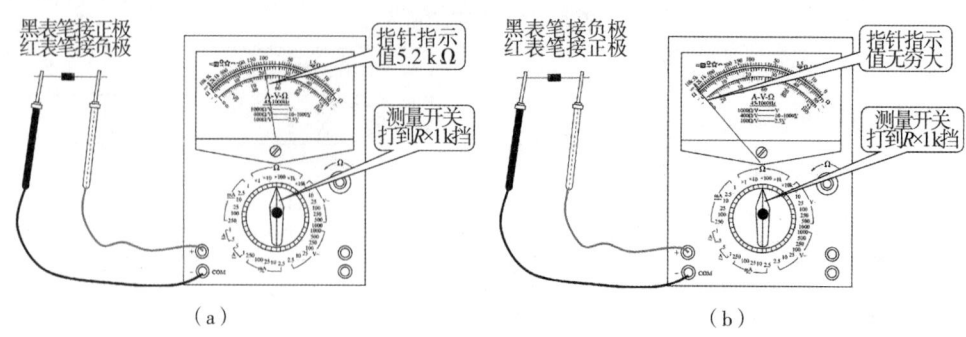

（a）　　　　　　　　　　　　（b）

图 3-1-8　万用表测量二极管

对于二极管,正向测量时,若二极管_____,而反向测量时,_____,说明二极管良好。若正向测量或反向测量时,二极管的阻值均为_____,说明二极管已被击穿。若正向测量或反向测量时,二极管的阻值均为_____,说明二极管已开路。

引导问题2:指针式万用表测量三极管。

1.基极和类型的判别

首先进行挡位的选择,万用表选择_____挡,然后用万用表判别_____。如图 3-1-9 所示,假设三个引脚中的任意一个引脚为基极,把一表笔接在这个电极,另一表笔分别依次接在另外两个电极上,若所测得的电阻值_____,则假设正确,这个引脚为_____;此时,如假设引脚接黑表笔,则该三极管为_____型;如果假设引脚接红表笔,则该三极管为_____型。如果两次测量的结果为_____,说明假设错误,需要重新假设进行测量。

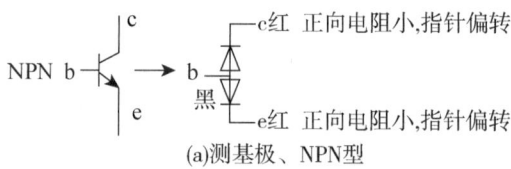

(a)测基极、NPN型

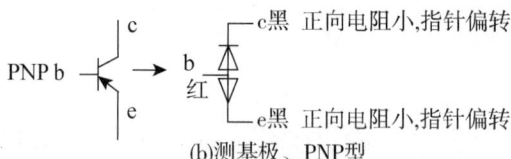

(b)测基极、PNP型

图 3-1-9　万用表测量三极管原理图

2.集电极与发射极的判别

NPN 管:如图 3-1-10 所示,叙述 NPN 管的极性判别方法。

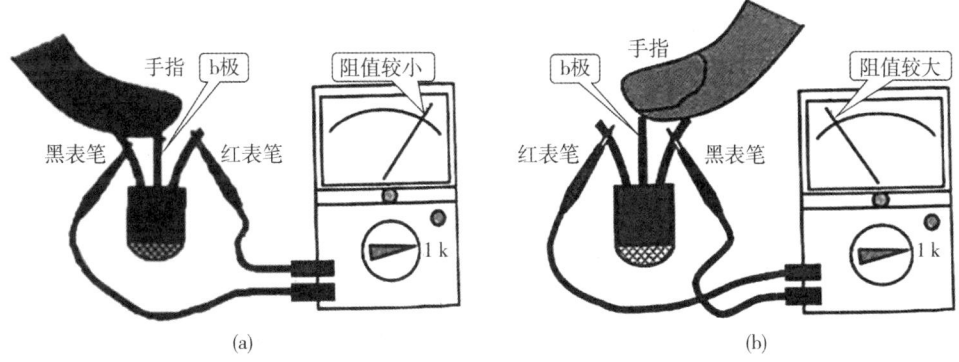

图 3-1-10　NPN 管集电极与发射极的判别

_____

_____

_____

PNP 管：测量方法如图 3-1-11 所示，叙述 PNP 管的极性判别方法。

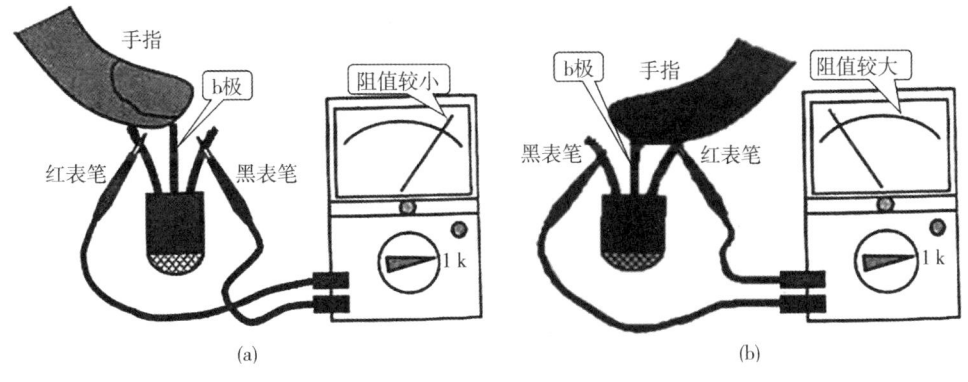

图 3-1-11　PNP 管集电极与发射极的判别

_____

_____

_____

引导问题 3：指针式万用表测量晶闸管。

1.引脚判别

对于晶闸管，只有_____与_____之间是一个 PN 结，才具有正向导通，反向阻断特性。利用这个特性，将万用表转换开关置于 $R×1$ k 挡，任意测量两个引脚的正反向电阻，当两个引脚之间的电阻很小时，黑表笔所接引脚便为_____，红表笔所接引脚为_____，剩下的一个引脚便是_____。

2.晶闸管质量好坏的检测

（1）万用表置于 $R×10$ 挡，红表笔接阴极 k，黑表笔接阳极 a，指针应接近∞，如图 3-1-12 (a)所示。

（2）用黑表笔在不断开阳极的同时接触控制极 g，万用表指针向右偏转到低阻值，表明晶闸管_____，如图 3-1-12（b）所示。

（3）在不断开阳极 a 的情况下，断开黑表笔与控制极 g 的接触，万用表指针应保持在原来的低阻值上，表明_____。

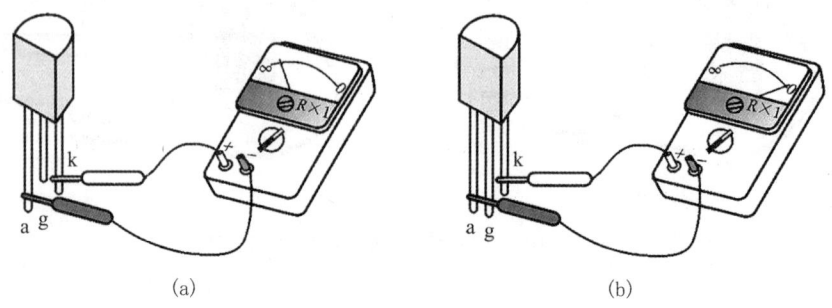

（a）　　　　　　　　　　　　（b）

图 3-1-12　用万用表检测晶闸管质量

🔲引导问题 4：测量电压、电流和电阻时，如何选用合适的挡位？

_____

_____

_____

🔲引导问题 5：万用表测量电压、电流以及电阻过程中若要转换挡位，需要注意哪些事项？

_____

_____

_____

🔲引导问题 6：万用表使用完后，需要注意哪些事项？

_____

_____

_____

_____

二、 活动实施

1.制定工作方案（如表 3-1-7 所示）

表 3-1-7　工作方案

步骤	工作内容	负责人

2.列出仪表、工具、耗材和器材清单(如表 3-1-8 所示)

表 3-1-8　仪表、工具、耗材和器材清单

序号	名称	型号和规格	单位	数量	备注

3.按照本组制定的实施方案进行二极管、三极管及晶闸管的检测

(1)领取仪表、工具、耗材和器材;

(2)检查仪表、工具、耗材和器材;

(3)按最佳方案进行检测。

4.考核标准

(1)正确使用指针式万用表进行二极管性能测量与极性判别(5 min 内完成);

(2)正确使用指针式万用表进行晶体管性能测量与极性判别(10 min 内完成);

(3)正确使用指针式万用表进行晶闸管性能测量与极性判别(10 min 内完成)。

三、评价反馈

各组代表展示作品,介绍任务的完成过程。作品展示前应准备阐述材料,并完成评价表 3-1-9、表 3-1-10、表 3-1-11。

表 3-1-9　学生自评表

班级		组名		日期			
评价指标	评价要素					分值	得分
信息检索	能有效利用网络资源、工作手册查找有效信息;能用自己的语言有条理地去解释、表述所学知识;能将查找的信息有效转化到工作中					10	
感知工作	能否熟悉各自的工作岗位,认同工作价值;在工作中,是否获得满足感					10	
参与状态	与教师、同学之间是否相互尊重、理解、平等;与教师、同学之间是否能够保持多向、丰富、适宜的信息交流					10	
	探究学习、自主学习不流于形式,处理好合作学习和独立思考的关系,做到有效学习;能提出有意义的问题或能发表个人见解;能按要求正确操作;能够倾听、协作、分享					10	
学习方法	工作计划、操作技能是否符合规范要求;是否获得了进一步发展的能力					10	
工作过程	遵守管理规程,操作过程符合现场管理要求;平时上课的出勤情况和每天完成工作任务情况;善于多角度思考问题,能主动发现、提出有价值的问题					15	
思维状态	是否能发现问题、提出问题、分析问题、解决问题					10	
自评反馈	按时按质完成工作任务;较好地掌握专业知识点;具有较强的信息分析能力和理解能力;具有较为全面严谨的思维能力并能条理清晰地表述成文					25	
自评分数							
有益的经验和做法							
总结反思建议							

表 3-1-10　综合评价表

序号	评价项目	分值	小组评价					平均值
1	任务是否按时完成	20						
2	材料完成上交情况	10						
3	任务完成质量	30						
4	语言表达能力	15						
5	小组成员合作面貌	15						
6	创新点	10						

表3-1-11　综合评价表

项目名称	评价内容	分值	评价分数		任务总评
			自评	师评	
职业素养考核项目40%	穿戴规范、整洁	6			
	安全意识,责任意识,服从意识	6			
	积极参加教学活动,按时完成学生工作活页规定的任务	10			
	团队合作,与人交流能力	6			
	劳动纪律	6			
	生产现场管理6S标准	6			
专业核心能力考核项目60%	专业知识查找及时、准确	12			
	操作符合规范	18			
	操作熟练度,工作效率	12			
	完工质量	18			

注:评价档次统一采用A(优秀)、B(良好)、C(合格)、D(努力)4个。

任务二　钳形电流表的使用与管理

建议学时：2学时

📺 学习情境描述

1.任务引入

普通电流表在测量电流时,需要将电路停电拆断,然后将电流表串入线路才能进行测量,这是很麻烦的,甚至有时正常运行的电动机不允许这样做。如果需要测量多个电路工作电流,则更麻烦,此时使用钳形电流表就方便多了,它可以在不切断电路的情况下来测量电流。

2.关键知识点

钳形电流表的结构、工作原理、量程选择、测量注意事项。

3.关键技能点

钳形电流表测量线路工作电流。

🔧 学习目标

1.知识目标

(1)能区分钳形电流表的类型;

(2)能说出钳形电流表的特点、结构及工作原理;

（3）能说出钳形电流表的使用注意事项。（重点）

2.技能目标

能够使用钳形电流表测电路中的电流并正确读数。

3.素质目标

（1）培养学生的安全规范操作意识；

（2）培养学生的团队协作、互助意识；

（3）培养学生的独立思考、探索创新精神。

📖 任务书

学会钳形电流表的使用及维护保养。

👥 任务分组

学生任务分配如表 3-2-1 所示。

表 3-2-1　学生任务分配表

班级			组号		指导教师	
组长			学号			
组员	姓名		学号		任务	
	姓名		学号		任务	
	姓名		学号		任务	
	姓名		学号		任务	

一、活动前准备

💎**引导问题 1：了解钳形电流表。**

钳形电流表是由电流互感器和电流表组合而成的。捏紧扳手可以打开钳形电流表的铁芯，钳住被测导线，不必切断线路就可以测量线路的工作电流。目前钳形电流表主要有指针式和数字式，如图 3-2-1 所示。

（a）指针式　　　　　（b）数字式

图 3-2-1　钳形电流表

引导问题2：了解数字式钳形电流表的结构。

如图3-3-2所示数字式钳形电流表外形图,查询资料完成下面填空。

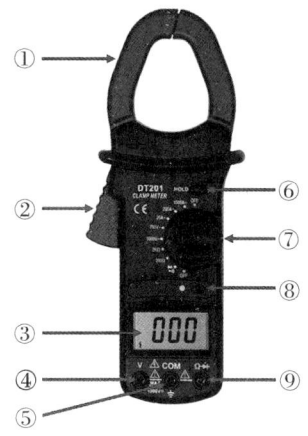

图 3-2-2 数字式钳形电流表外形图

根据图3-2-2所示数字式钳形电流表外形图,简述指示部分(①~⑨)的名称及作用。

_____

_____

_____

引导问题3：钳形电流表的结构原理。

结合图3-2-3所示钳形电流表的结构原理图,写出钳形电流表的工作原理。

_____

_____

_____

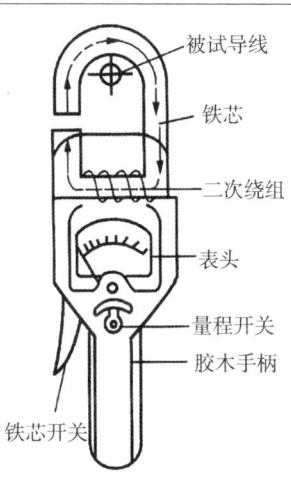

图 3-2-3 钳形电流表的结构原理图

引导问题 4：钳形电流表使用前的检查。

叙述钳形电流表在使用前有哪些检查事项。

_____

_____

_____

引导问题 5：简述测量电流时，钳形电流表如何选用合适的量程。

_____

_____

_____

引导问题 6：钳形电流表测量电流。

叙述钳形电流表测量电流的步骤。

_____

_____

_____

引导问题 7：钳形电流表测量电流过程中，需要注意哪些事项？

_____

_____

_____

引导问题 8：使用完钳形电流表后，需要注意哪些事项？

_____

_____

_____

_____

二、 活动实施

1.制定工作方案(如表 3-2-2 所示)

表 3-2-2　工作方案

步骤	工作内容	负责人

2.列出仪表、工具、耗材和器材清单(如表3-2-3所示)

表3-2-3 仪表、工具、耗材和器材清单

序号	名称	型号和规格	单位	数量	备注

3.按照本组制定的实施方案进行钳形电流表的测量工作

(1)领取仪表、工具、耗材和器材;

(2)检查仪表、工具、耗材和器材;

(3)按最佳方案进行测量。

4.考核标准

(1)正确使用钳形电流表测量线路电流;(3 min 内完成)

(2)针对小电流电路,叙述正确的解决方案。

三、 评价反馈

各组代表展示作品,介绍任务的完成过程。作品展示前应准备阐述材料,并完成评价表 3-2-4、表 3-2-5、表 3-2-6。

表3-2-4 学生自评表

班级		组名		日期		
评价指标		评价要素			分值	得分
信息检索		能有效利用网络资源、工作手册查找有效信息;能用自己的语言有条理地去解释、表述所学知识;能将查找的信息有效转化到工作中			10	
感知工作		能否熟悉各自的工作岗位,认同工作价值;在工作中,是否获得满足感			10	
参与状态		与教师、同学之间是否相互尊重、理解、平等;与教师、同学之间是否能够保持多向、丰富、适宜的信息交流			10	
		探究学习、自主学习不流于形式,处理好合作学习和独立思考的关系,做到有效学习;能提出有意义的问题或能发表个人见解;能按要求正确操作;能够倾听、协作、分享			10	
学习方法		工作计划、操作技能是否符合规范要求;是否获得了进一步发展的能力			10	
工作过程		遵守管理规程,操作过程符合现场管理要求;平时上课的出勤情况和每天完成工作任务情况;善于多角度思考问题,能主动发现、提出有价值的问题			15	
思维状态		是否能发现问题、提出问题、分析问题、解决问题			10	

续表

自评反馈	按时按质完成工作任务;较好地掌握专业知识点;具有较强的信息分析能力和理解能力;具有较为全面严谨的思维能力并能条理清晰地表述成文	25	
自评分数			
有益的经验和做法			
总结反思建议			

表 3-2-5　小组评价表

序号	评价项目	分值	小组评价					平均值
1	任务是否按时完成	20						
2	材料完成上交情况	10						
3	任务完成质量	30						
4	语言表达能力	15						
5	小组成员合作面貌	15						
6	创新点	10						

表 3-2-6　综合评价表

项目名称	评价内容	分值	评价分数		任务总评
			自评	师评	
职业素养考核项目40%	穿戴规范、整洁	6			
	安全意识,责任意识,服从意识	6			
	积极参加教学活动,按时完成学生工作活页规定的任务	10			
	团队合作,与人交流能力	6			
	劳动纪律	6			
	生产现场管理6S标准	6			
专业核心能力考核项目60%	专业知识查找及时、准确	12			
	操作符合规范	18			
	操作熟练度,工作效率	12			
	完工质量	18			

注:评价档次统一采用 A(优秀)、B(良好)、C(合格)、D(努力)4 个。

任务三　交流电压表、交流电流表的使用与管理　建议学时：2学时

学习情境描述

1.任务引入

现代化船舶自动化程度越来越高,电力设备越来越多,船舶电力系统的安全可靠运行对于船舶安全营运至关重要。船舶电力系统由发电机负责供电,配电板供电负责分配到各用电设备。因此,用船舶机舱主配电板上的交流电压表和电流表,测量发电机和负载的线电压和线电流,以判断发电机和负载的运行情况,从而保障船舶电力系统的正常可靠运行。

2.关键知识点

电压互感器和电流互感器的结构及其作用;交流电压表和电流表的使用方法。

3.关键技能点

交流电压表和电流表使用前检查;量程调整;准确接线;正确读出电压和电流的数值。

学习目标

1.知识目标

(1)了解电压互感器和电流互感器的结构;

(2)掌握电压互感器和电流互感器的作用和接线方法;(重点)

(3)掌握交流电压表和电流表的使用注意事项。(重点)

2.技能目标

(1)能够用交流电压表测量交流电压;(重点)

(2)能够用交流电流表测量交流电流;(重点)

(3)能够正确连接电压互感器;

(4)能够正确使用电流互感器。

3.素质目标

(1)培养学生的安全规范操作意识;

(2)培养学生的团队协作、互助意识;

(3)培养学生的独立思考、探索创新精神。

任务书

学会交流电压表、交流电流表、电压互感器与电流互感器的使用方法。

任务分组

学生任务分配如表3-3-1所示。

表3-3-1　学生任务分配表

班级			组号		指导教师	
组长			学号			
组员	姓名		学号		任务	
	姓名		学号		任务	
	姓名		学号		任务	
	姓名		学号		任务	

一、活动前准备

📦引导问题1：了解交流电压表和交流电流表的作用与特点。

船舶机舱的主配电板上装有交流电压表和电流表,用来测量发电机和负载的线电压和线电流,以判断发电机和负载的运行情况。交流电压表和电流表如图3-3-1所示。

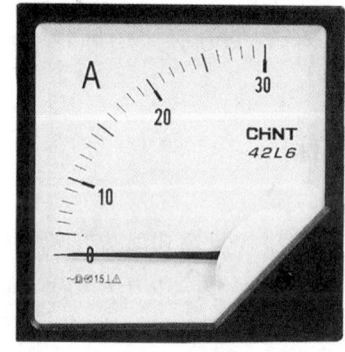

（a）交流电压表　　　　　　　　　　　（b）交流电流表

图3-3-1　交流电压表和电流表

根据图3-3-1(a)所示,简述交流电压表的作用。

_____

_____

_____

根据图3-3-1(b)所示,简述交流电流表的作用。

_____

_____

_____

_____

引导问题2：了解电压互感器和电流互感器。

电压互感器实质上是一个降压变压器，能把一次侧（电源）的高电压变换成二次侧（测量仪表）的低电压；电流互感器是由闭合的铁芯和绕组组成，可以将一次侧大电流转换成二次侧小电流来测量。电压互感器与电流互感器如图3-3-2所示。

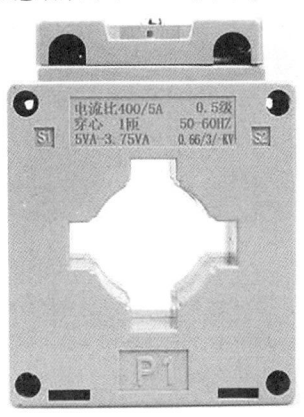

（a）电压互感器　　　　　　　　　（b）电流互感器

图3-3-2　电压互感器与电流互感器

结合图3-3-2所示电压互感器和电流互感器，简述其结构及作用。

_____

_____

引导问题3：掌握电压互感器的接线方法。

电压互感器实质是一个降压变压器，接线应遵守并联原则：一次侧并联接在电力系统中，一次绕组的额定电压与所接的系统的额定电压相同，二次侧并联接仪表（如图3-3-3所示）。

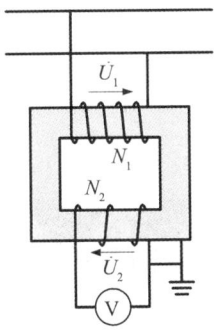

图3-3-3　电压互感器接线图

注意事项：

（1）要正确接线。将电压互感器的一次侧与被测电路并联，二次侧与电压表（或仪表的电压线圈）并联。

（2）电压互感器的一次侧、二次侧在运行中绝对不允许短路。因此电压互感器的一次侧、二次侧都应装设熔断器，以免一次侧短路影响高压供电系统，二次侧短路会烧坏电压互感器。

（3）电压互感器的铁芯和二次侧的一端必须可靠接地,以防止绝缘损坏时,一次侧的高压窜入低压端,危及人身和设备的安全。

引导问题4：掌握电流互感器的接线方法。

电流互感器的接线应遵守串联原则,即一次绕阻应与被测电路串联,而二次绕阻则与所有仪表负载串联(如图3-3-4所示)。

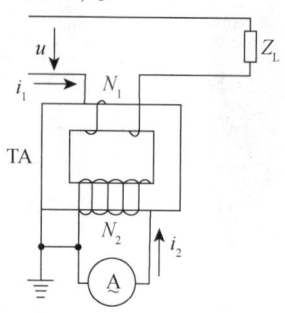

图3-3-4 电流互感器接线图

注意事项:

（1）使用电流互感器扩大测量电流时,互感器副边不允许开路,不允许接保险,而且外壳应可靠接地;

（2）电流互感器与电流表要匹配。

引导问题5：交流电压表测量电压。

使用前检查:在使用交流电压表时需要检查控制电路是否安全,估计被测量电压的大小,选择合适的_____;接线过程中,将交流电压表与被测电路_____（串/并联）;打开电路开关,电路通电,交流电压表指针发生偏转,交流电压表显示的数值即为电路的_____（如图3-3-5所示）。

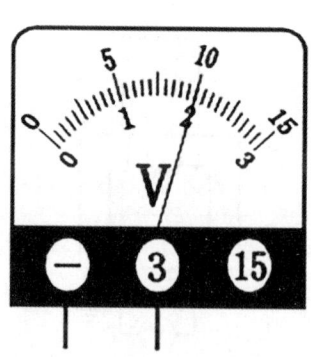

图3-3-5 交流电压表表盘

引导问题6：交流电流表测量电流。

使用前检查:在使用交流电流表时需要检查控制电路是否安全,估计被测量电流的大小,选择合适的_____;接线过程中,将交流电流表与被测电路_____（串/并联）;打开电路开关,电路通电,交流电流表指针发生偏转,交流电流表显示的数值即为电路的_____（如图3-3-6所示）。

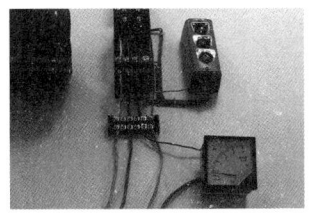 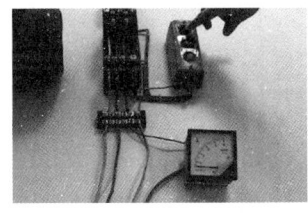 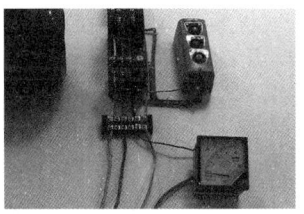

（a）连接电流表　　　　　　　　（b）打开开关　　　　　　　　（c）表针稳定后读数

图 3-3-6　交流电流测量流程图

注意事项：

（1）在使用电流表之前，要先根据被测量电流的大小选择好合适的量程，然后按要求进行接线；

（2）使用电流表时要将电流表串联接入被测电路。如果错接成并联会造成电路短路，并烧毁电流表。

二、活动实施

1.制定工作方案（如表 3-3-2 所示）

表 3-3-2　工作方案

步骤	工作内容	负责人

2.列出仪表、工具、耗材和器材清单（如表 3-3-3 所示）

表 3-3-3　仪表、工具、耗材和器材清单

序号	名称	型号和规格	单位	数量	备注

3.按照本组制定的实施方案进行交流电压和交流电流的测量

(1)领取仪表、工具、耗材和器材；

(2)检查仪表、工具、耗材和器材；

(3)按最佳方案进行测量。

4.考核标准

(1)使用交流电压表和电压互感器完成交流电压的测量(10 min 内完成)；

(2)使用交流电流表和电流互感器完成交流电流的测量(10 min 内完成)。

三、评价反馈

各组代表展示作品,介绍任务的完成过程。作品展示前应准备阐述材料,并完成评价表 3-3-4、表 3-3-5、表 3-3-6。

表 3-3-4　学生自评表

班级		组名		日期		
评价指标	评价要素				分值	得分
信息检索	能有效利用网络资源、工作手册查找有效信息；能用自己的语言有条理地去解释、表述所学知识；能将查找的信息有效转化到工作中				10	
感知工作	能否熟悉各自的工作岗位,认同工作价值；在工作中,是否获得满足感				10	
参与状态	与教师、同学之间是否相互尊重、理解、平等；与教师、同学之间是否能够保持多向、丰富、适宜的信息交流				10	
	探究学习、自主学习不流于形式,处理好合作学习和独立思考的关系,做到有效学习；能提出有意义的问题或能发表个人见解；能按要求正确操作；能够倾听、协作、分享				10	
学习方法	工作计划、操作技能是否符合规范要求；是否获得了进一步发展的能力				10	
工作过程	遵守管理规程,操作过程符合现场管理要求；平时上课的出勤情况和每天完成工作任务情况；善于多角度思考问题,能主动发现、提出有价值的问题				15	
思维状态	是否能发现问题、提出问题、分析问题、解决问题				10	
自评反馈	按时按质完成工作任务；较好地掌握专业知识点；具有较强的信息分析能力和理解能力；具有较为全面严谨的思维能力并能条理清晰地表述成文				25	
自评分数						
有益的经验和做法						
总结反思建议						

表 3-3-5　小组评价表

序号	评价项目	分值	小组评价				平均值
1	任务是否按时完成	20					
2	材料完成上交情况	10					
3	任务完成质量	30					
4	语言表达能力	15					
5	小组成员合作面貌	15					
6	创新点	10					

表 3-3-6　综合评价表

项目名称	评价内容	分值	评价分数		任务总评
			自评	师评	
职业素养考核项目 40%	穿戴规范、整洁	6			
	安全意识,责任意识,服从意识	6			
	积极参加教学活动,按时完成学生工作活页规定的任务	10			
	团队合作,与人交流能力	6			
	劳动纪律	6			
	生产现场管理 6S 标准	6			
专业核心能力考核项目 60%	专业知识查找及时、准确	12			
	操作符合规范	18			
	操作熟练度,工作效率	12			
	完工质量	18			

注:评价档次统一采用 A(优秀)、B(良好)、C(合格)、D(努力)4 个。

任务四　便携式兆欧表的使用与管理

建议学时:2学时

🖥 学习情境描述

1.任务引入

便携式兆欧表,简称兆欧表(Megger),又称摇表,是船舶电工常用的一种测量仪表,主要用来检查电气设备、生活电器或电气线路对地及相间的绝缘电阻,以保证这些设备、电器和线路工作在正常状态,避免发生因电气设备故障、线路发生接地或短路而导致人员触电伤亡及设备损坏等事故。作为船舶电气管理人员,必须具备便携式兆欧表的检查、使用以及日常维护管理的能力。

2.关键知识点

便携式兆欧表的检查、使用、维护保养。

3.关键技能点

便携式兆欧表使用前检查;测量电气设备或线路的对地绝缘、相间绝缘。

学习目标

1.知识目标

(1)能够说出便携式兆欧表的结构组成及其作用;(重点)

(2)能够描述便携式兆欧表的基本工作原理;

(3)能够说出便携式兆欧表的日常维护管理要点。(重点)

2.技能目标

(1)能够对便携式兆欧表进行测量前的检查;

(2)能够使用便携式兆欧表对电气设备、线路进行对地绝缘和相间绝缘的测量;

(3)能够根据测量结果判定电气设备、线路是否符合安全标准;

(4)能够对便携式兆欧表进行简单的维护保养及故障排除。

3.素质目标

(1)培养学生的安全规范操作意识;

(2)培养学生的团队协作、互助意识;

(3)培养学生的独立思考、探索创新精神。

任务书

能够用便携式兆欧表对电气设备、线路进行绝缘测量并能对便携式兆欧表进行日常维护保养。

任务分组

学生任务分配如表3-4-1所示。

表3-4-1 学生任务分配表

班级		组号		指导教师	
组长		学号			
组员	姓名	学号		任务	
	姓名	学号		任务	
	姓名	学号		任务	
	姓名	学号		任务	

一、活动前准备

🔹**引导问题 1：了解便携式兆欧表的外形结构。**

图 3-4-1 所示为 ZC25-4(1000)型便携式兆欧表的外形结构图,查询资料完成下面填空。

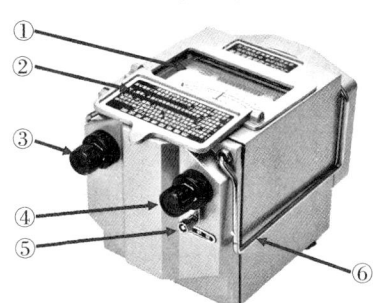
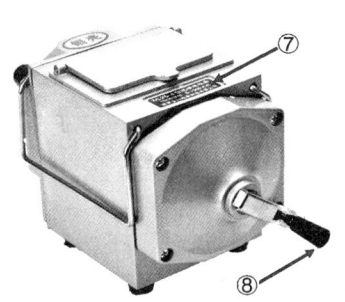

(a)便携式兆欧表 A 面　　　(b)便携式兆欧表 B 面

图 3-4-1　ZC25-4(1000)型便携式兆欧表的外形结构图

根据图 3-4-1 所示的便携式兆欧表,简述一下指示部分(①~⑧)的名称及作用是什么?

①_____;②_____;③_____;④_____;
⑤_____;⑥_____;⑦_____;⑧_____。

🔹**引导问题 2：了解便携式兆欧表的工作原理。**

结合图 3-4-2 所示,简述便携式兆欧表的工作原理。

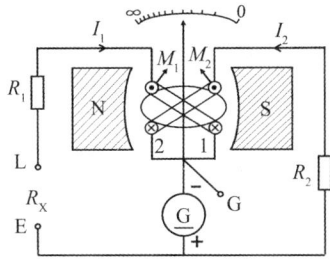

图 3-4-2　便携式兆欧表的工作原理图

便携式兆欧表主要由_____、_____以及_____组成。其外部有三个接线端钮,即_____、_____、_____。

被测设备或线路(R_X)接入端钮"_____"和"_____"之间,这时手摇兆欧表手柄,电流将分为两个回路流动:电流 I_1 从发电机正极→R_X→R_1→线圈 1→发电机负极;电流 I_2 从发电机正极→R_2→线圈 2→发电机负极。由于线圈 1 和线圈 2 的绕向相反,故转动力矩 M_1 和反作用力矩 M_2 的方向相反。兆欧表的核心又称为"磁电系流比表"。如果仪表的结构确定时,则 R_1、R_2 均为定值,此时,仪表可动部分的偏转角 α 只与被测电阻 R_X 的大小有关。由于 I_2 的大小一般不变,偏转角 α 则随被测绝缘电阻 R_X 的改变而变化,所以它能直接反映被测绝缘电阻的数值。兆欧表的标度尺为反向刻度。

当 I_1 电流最大(即被测电阻为 0)时,$M_1>M_2$,指针指向刻度 0。当 I_2 电流最大(即开路状态)时,$M_2>M_1$,指针指向刻度无穷大∞。当被测电阻为某一定值时,$M_1=M_2$,仪表可动部分的偏转角 α 与两个线圈内所通入电流的比值有关,而与测量电路中的电源电压无关,指针指在被测电阻的数值。由于兆欧表没有游丝,也没有反作用力矩,所以兆欧表在停止测量时停留在任意位置(即不定位),而不是回到零位。这跟其他指针式仪表是有区别的。

流过屏蔽端子"G"的漏电电流 I_3 不流过线圈1和线圈2,故对兆欧表偏转角无影响,即对绝缘电阻 R_x 无影响,起到屏蔽作用。

引导问题3:便携式兆欧表测量设备绝缘的步骤。

查询资料,写出便携式兆欧表测量三相异步电动机绝缘的方法步骤。

_____

_____

_____

_____

引导问题4:便携式兆欧表的选用。

电压等级选用:测量前观察便携式兆欧表铭牌标识(如图3-4-3所示),首先选用与被测元件电压等级相适应的兆欧表,对于500 V及以下的线路或电气设备,应使用_____或_____的兆欧表。对于500 V以上的线路或电气设备,应使_____或_____的兆欧表。

电阻量程范围的选择:便携式兆欧表量程的选择原则是不使测量范围过多地超出被测绝缘电阻的数值,以免因刻度较粗而产生较大的读数误差。另外还要注意有些兆欧表的起始刻度不是零,而是1 MΩ或2 MΩ。这种兆欧表不宜测量处于潮湿环境中的低压电气设备的绝缘电阻,因为在这种环境中的设备绝缘电阻较小,有可能小于1 MΩ,在仪表上读不到读数容易误认为绝缘电阻为1 MΩ或为零值。兆欧表的表盘刻度线上有两个小黑点,小黑点之间的区域为准确测量区域。所以在选表时,应使被测设备的绝缘电阻值在准确测量区域内(如图3-4-4所示)。

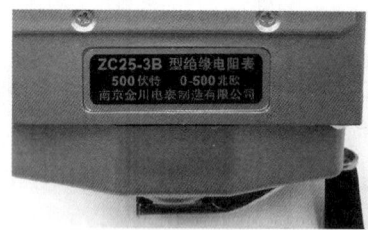

图3-4-3　便携式兆欧表铭牌标识

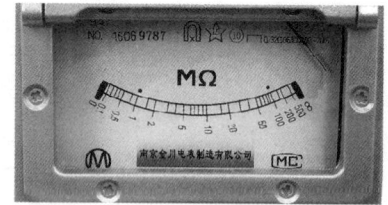

图3-4-4　便携式兆欧表表盘

引导问题5:便携式兆欧表使用与保养注意事项。

(1)用便携式兆欧表测试高压设备的绝缘时,应由_____人进行。

(2)测量前必须将被测线路或电气设备的电源_____,即不允许带电测绝缘电阻,并且要查明线路或电气设备上无人工作后方可进行。

(3)便携式兆欧表使用的表线必须是_____线,且不宜采用双股绞合绝缘线。其表线的端部应有绝缘护套;兆欧表的线路端子"L"应接设备的被测相,接地端子"E"应接设备外壳及设备的非被测相,屏蔽端子"G"应接到保护环或电缆绝缘护层上,以减小绝缘表面泄漏电流对测量造成的误差。

（4）使用前应做开路和短路试验。开路试验：使_____两接线柱处在_____状态，摇动兆欧表，指针应指向"_____"。将 L 和 E 两个接线柱_____，摇动兆欧表，指针应指向在"_____"处。这两项都满足要求，说明兆欧表是好的。

（5）测试前必须将被试线路或电气设备_____。测试线路时，必须取得对方允许后方可进行。

（6）兆欧表测量时应水平放置，并按住兆欧表，防止在摇动中晃动，摇动转速为_____ r/min，保持稳定转速 1 min 后，取读数，以便躲开吸收电流的影响。

（7）测试过程中两手不得同时接触两根线。

（8）测试完毕应先拆线，后停止摇动兆欧表。以防止电气设备向兆欧表反充电导致兆欧表损坏。

（9）禁止在雷电时或高压设备附近测绝缘电阻，只能在设备不带电也没有感应电的情况下测量。

二、活动实施

1.制定工作方案（如表 3-4-2 所示）

表 3-4-2　工作方案

步骤	工作内容	负责人

2.列出仪表、工具、耗材和器材清单（如表 3-4-3 所示）

表 3-4-3　仪表、工具、耗材和器材清单

序号	名称	型号和规格	单位	数量	备注

3.按照本组制定的实施方案进行便携式兆欧表的试验与测量

（1）领取仪表、工具、耗材和器材；

（2）检查仪表、工具、耗材和器材；

（3）按最佳方案进行测量。

4.考核标准

(1)叙述便携式兆欧表的结构与使用注意事项；(5 min 内完成)

(2)使用便携式兆欧表完成给定设备的测量，并判断其绝缘情况。(5 min 内完成)

三、 评价反馈

各组代表展示作品，介绍任务的完成过程。作品展示前应准备阐述材料，并完成评价表 3-4-4、表 3-4-5、表 3-4-6。

表 3-4-4　学生自评表

班级		组名		日期			
评价指标	评价要素					分值	得分
信息检索	能有效利用网络资源、工作手册查找有效信息；能用自己的语言有条理地去解释、表述所学知识；能将查找的信息有效转化到工作中					10	
感知工作	能否熟悉各自的工作岗位，认同工作价值；在工作中，是否获得满足感					10	
参与状态	与教师、同学之间是否相互尊重、理解、平等；与教师、同学之间是否能够保持多向、丰富、适宜的信息交流					10	
	探究学习、自主学习不流于形式，处理好合作学习和独立思考的关系，做到有效学习；能提出有意义的问题或能发表个人见解；能按要求正确操作；能够倾听、协作、分享					10	
学习方法	工作计划、操作技能是否符合规范要求；是否获得了进一步发展的能力					10	
工作过程	遵守管理规程，操作过程符合现场管理要求；平时上课的出勤情况和每天完成工作任务情况；善于多角度思考问题，能主动发现、提出有价值的问题					15	
思维状态	是否能发现问题、提出问题、分析问题、解决问题					10	
自评反馈	按时按质完成工作任务；较好地掌握专业知识点；具有较强的信息分析能力和理解能力；具有较为全面严谨的思维能力并能条理清晰地表述成文					25	
自评分数							
有益的经验和做法							
总结反思建议							

表 3-4-5　小组评价表

序号	评价项目	分值	小组评价					平均值
1	任务是否按时完成	20						
2	材料完成上交情况	10						
3	任务完成质量	30						
4	语言表达能力	15						
5	小组成员合作面貌	15						
6	创新点	10						

表 3-4-6　综合评价表

项目名称	评价内容	分值	评价分数		任务总评
			自评	师评	
职业素养考核项目 40%	穿戴规范、整洁	6			
	安全意识,责任意识,服从意识	6			
	积极参加教学活动,按时完成学生工作活页规定的任务	10			
	团队合作,与人交流能力	6			
	劳动纪律	6			
	生产现场管理 6S 标准	6			
专业核心能力考核项目 60%	专业知识查找及时、准确	12			
	操作符合规范	18			
	操作熟练度,工作效率	12			
	完工质量	18			

注:评价档次统一采用 A(优秀)、B(良好)、C(合格)、D(努力)4 个。

项目四

船用电缆的切割与连接

学习情境描述

1.任务引入

船用电缆是各类船舶、海上石油平台及水上建筑物的电力、照明、控制、通信、微机等系统专用的电缆。由于使用环境条件较严酷,要求电缆安全可靠、寿命长、体积小、重量轻,并具有优良的耐温、耐火、阻燃、耐油、防潮、耐海水性能,以及优良的电气和机械性能等特点。船舶电力设备的正常运行需要依靠电缆的可靠支撑,掌握电缆的正确切割方法是船舶电工人员必备的基本技能。

2.关键知识点

船用电缆的分类与识别;电缆切割工具的类型及选择;电缆切割的注意事项;船用电缆的选用。

3.关键技能点

船用电缆的切割方法。

学习目标

1.知识目标

(1)了解船用电缆的分类与识别;

(2)熟悉船用电缆的切割工具及设备;

(3)掌握船用电缆的切割方法及注意事项;(重点)

(4)掌握船用电缆的选用方法。(重点)

2.技能目标

(1)能够根据船用电缆的特性选择合适的切割工具;

（2）能够对不同的电缆进行切割。（重点）

3.素质目标

（1）培养学生的安全规范操作意识；

（2）培养学生的团队协作、互助意识；

（3）培养学生的独立思考、探索创新精神。

📖 任务书

能够对各种船用电缆进行正确切割。

👥 任务分组

学生任务分配表如表 4-1-1 所示。

表 4-1-1　学生任务分配表

班级			组号		指导教师	
组长			学号			
组员	姓名		学号		任务	
	姓名		学号		任务	
	姓名		学号		任务	
	姓名		学号		任务	

一、　活动前准备

🔹**引导问题 1：船用电缆的分类。**

（1）船用电缆按用途可分为：船用电力电缆、船用控制电缆、船用通信电缆和船用射频电缆，如图 4-1-1 所示。

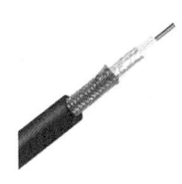

（a）船用电力电缆　　　　（b）船用控制电缆　　　（c）船用通信电缆　　　（d）船用射频电缆

图 4-1-1　船用电缆

（2）船用电缆按线芯数目可分为：船用单芯电缆、船用三芯电缆和船用多芯电缆。

（3）船用电缆按绝缘材料可分为：普通橡皮绝缘电缆、丁基橡皮绝缘电缆、乙丙橡皮绝缘电缆、聚氯乙烯绝缘电缆和硅橡胶绝缘电缆。

（4）船用电缆按护套材料可分为：氯丁护套、聚乙烯和硫化丁聚护套。

引导问题 2：认识船舶电缆切割工具。

（1）铠装线缆专用破断工具（如图 4-1-2 所示）。

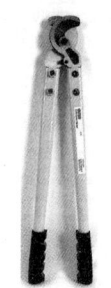

（a）手动电缆切割钳　　　　（b）液压断线钳　　　　　（c）电缆剪

图 4-1-2　铠装线缆专用破断工具

（2）电工通用工具。查询资料，填写图 4-1-3 所列工具的名称及主要用途。

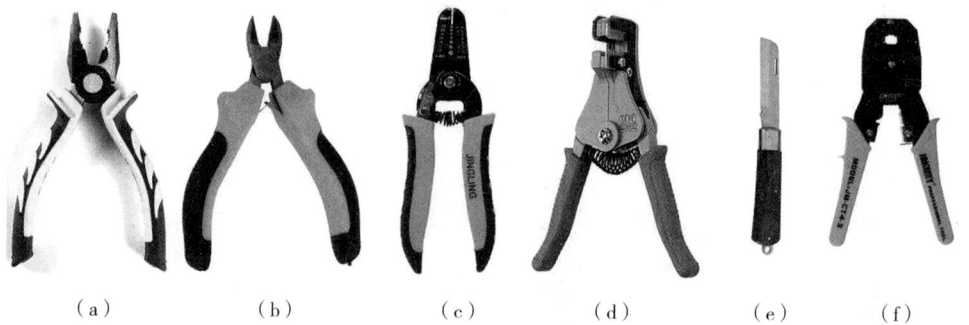

（a）　　　　　（b）　　　　　（c）　　　　　（d）　　　　　（e）　　　　　（f）

图 4-1-3　电工通用工具

（a）＿＿＿＿＿＿＿＿＿　　　　　（b）＿＿＿＿＿＿＿＿＿
（c）＿＿＿＿＿＿＿＿＿　　　　　（d）＿＿＿＿＿＿＿＿＿
（e）＿＿＿＿＿＿＿＿＿　　　　　（f）＿＿＿＿＿＿＿＿＿

引导问题 3：铠装线缆的剥切尺寸。

铠装线缆的剥切尺寸如图 4-1-4 所示。其中：

A 为铁丝绑扎长度。其一般等于电缆直径的 1.2 倍，主要作用是使铠装层不易松散和能在铠装层上绑扎接地线。

B 为铅包裸露长度。其主要是能与接地线相连，一般等于电缆铅包直径的 1.2 倍。交联聚乙烯电缆无铅包可不考虑接地线。

C 为电缆线芯绝缘层的长度。其一般为 150 mm，主要是为了减少电缆线芯导电部分对地的漏电流和尖端放电现象。

D 为统包绝缘长度。其一般为 20 mm，主要是为了加强接头的绝缘。

E 为电缆线芯裸露长度。其一般为连接管长度的 1/2。

小提示：电缆切割接线前要做好准备工作

（1）应熟悉图纸，并按图纸逐根核对电缆的代号、型号，在证实电缆齐全无误后，方可进行切割接线工作；

（2）某一设备的电缆切割接线，必须是在该设备的全部电缆在其敷设线路上已基本

紧固完毕后才能进行,以免造成电缆切短;

(3)进入设备的电缆,在紧固完毕后,须留有足够的余量;

(4)制作或领用线芯标记,并按图纸核对数量、规格、标记,有差错的及时纠正;

(5)切割接线时,双手应保持清洁,不要使线芯外层沾上油污;

(6)根据电缆的规格、接线方式和设备进线形式,准备好相应的切割接线工具。

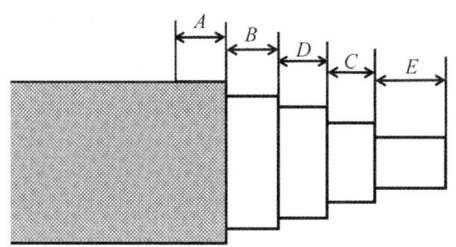

图 4-1-4　铠装线缆的剥切尺寸

🔶 **引导问题 4:绝缘导线线头绝缘层的剖削方法。**

1.按剖削方式分类

剖削方法分为直削法、斜削法和分段剖削法三种,如图 4-1-5 所示。

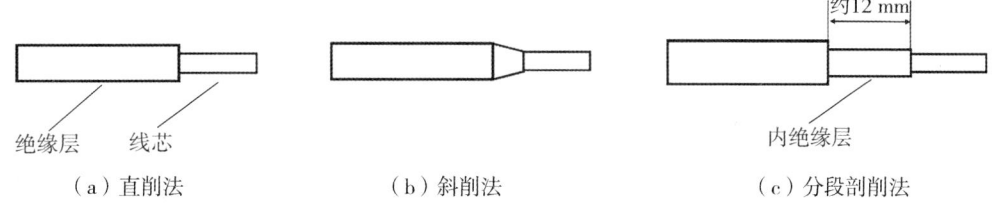

（a）直削法　　　　　　　（b）斜削法　　　　　　（c）分段剖削法

图 4-1-5　绝缘导线线头绝缘层的剖削方法

(1)直削法:适用于单层绝缘导线。

(2)斜削法:适用于单层绝缘导线。

(3)分段剖削法:适用于多层绝缘导线。

2.按剖削对象分类

(1)塑料硬线绝缘层的剖削

线芯截面积在 2.5 mm^2 及以下的塑料硬线,可用钢丝钳剖削或用电工刀剖削。

钢丝钳剖削的方法是:先估计线头所需长度,然后在线头长度所确定的位置用钢丝钳口轻轻切破绝缘层表皮,接着左手拉紧导线,右手适当用力捏住钢丝钳头部、向外用力勒去绝缘层,在勒去绝缘层时,不可在钳口处加力剪切口,以防伤及线芯,甚至会将导线切断。

用电工刀剖削的方法是:根据所需的线端长度,用刀口以 45°倾斜角切入塑料绝缘层,不可切入线芯;接着刀面与线芯保持 15°角左右,用力向外削出一条缺口;然后将绝缘层剥离线芯,向后扳翻,用电工刀取齐切去,如图 4-1-6 所示。

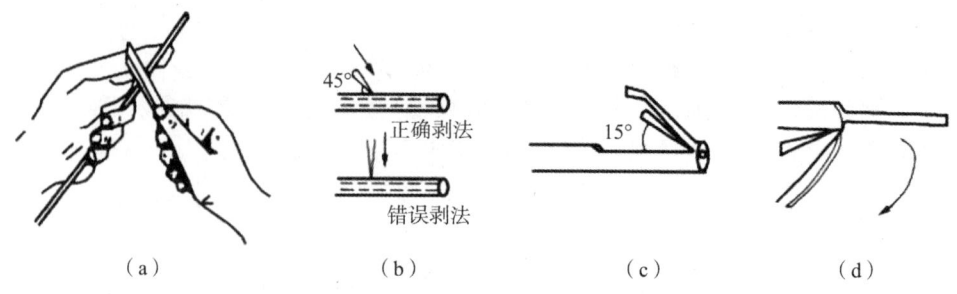

（a）　　　　　　（b）　　　　　　（c）　　　　　　（d）

图 4-1-6　电工刀剖削方法示意图

（2）塑料软线绝缘层的剖削

塑料软线绝缘层的剖削除用剥线钳外，也可用钢丝钳按照剖削线芯截面积 2.5 mm² 及以下的塑料硬线的方法进行，但不能用电工刀剖削。这是因塑料软线太软，线芯又是由多股铜线组成，且每股铜线较细，用电工刀剖削很容易伤及线芯。

（3）塑料护套线的护套层和绝缘层的剖削

塑料护套线的绝缘层由两部分组成，分为外层的公共护套层和内层每根线芯的绝缘层。剖削时先从公共护套层入手，由于公共护套层较厚，所以公共护套层一般用电工刀剖削，先按线头所需长度，将刀尖对准两股线芯的中缝用力划开护套层，并将护套层向后弯折，然后用电工刀齐根切去，如图 4-1-7 所示。切去护套层后，露出带有绝缘层内部线芯，可用钢丝钳或电工刀剖削塑料硬线绝缘层的方法分别除去内部线芯的绝缘层。钢丝钳或电工刀在切入时应离护套层 5~10 mm。

（a）　　　　　　　　　（b）

图 4-1-7　塑料护套线的护套层和绝缘层的剖削

（4）橡皮线绝缘层的剖削

橡皮线绝缘层外面由于有一层柔韧的纤维编织保护层，所以剖削橡皮线导线时要先将该纤维编织保护层去掉，方法是：用电工刀尖划开纤维编织层，然后将其扳折后齐根切去，再用剖削塑料硬线绝缘层的方法，除去橡皮绝缘层。若是橡皮绝缘层内的线芯上还包缠着棉纱层，可将该棉纱层松开、齐根切去。

（5）花线绝缘层的剖削。花线绝缘层分外层和内层，外层是一层柔韧的棉纱编织层，剖削时先用电工刀根据导线所需长度在花线绝缘层外层处切割一圈拉去，然后在距离棉纱编织层 10 mm 左右处用钢丝钳按照剖削塑料软线的方法将内层的花线绝缘层勒去，有的花线在紧贴线芯处还包缠有棉纱层，在剥去橡皮绝缘层后，再将棉纱层松开向后弯折，然后齐根切去。

（6）铅包线绝缘层的剖削

铅包线绝缘层分为外部铅包层和内部线芯绝缘层。剖削时先剥外部铅包层，用电工刀在铅包层上切下一个刀痕，然后上下左右扳动折弯这个刀痕，使铅包层从切口处折断，并将它从线头上拉掉。内部线芯绝缘层的剖削方法与塑料硬线绝缘层的剖削法相同。

引导问题5：电线电缆型号的选择。

(1)选用电线电缆时,要考虑用途、敷设条件及安全性;

(2)根据用途的不同可选用电力电缆、架空绝缘电缆、控制电缆等;

(3)根据敷设条件的不同可选用一般塑料绝缘电缆、钢带铠装电缆、钢丝铠装电缆、防腐电缆等;

(4)根据安全性要求,可选用阻燃电缆、低烟无卤电缆、耐火电缆等。

引导问题6：电线电缆规格的选择。

(1)确定电线电缆的使用规格(导体截面)时,应考虑发热、电压损失、经济电流密度、机械强度等条件;

(2)低压动力线因其负荷电流较大,故一般先按发热条件选择截面,然后验算其电压损失和机械强度;

(3)低压照明线因其对电压水平要求较高,可先按允许电压损失条件选择截面,再验算发热条件和机械强度;

(4)高压线路,则先按经济电流密度选择截面,然后验算其发热条件和允许电压损失。

引导问题7：电线电缆规格速算。

估算口诀:

二点五下乘以九,往上减一顺号走。

三十五乘三点五,双双成组减点五。

条件有变加折算,高温九折铜升级。

穿管根数二三四,八七六折满载流。

本口诀对各种绝缘线(橡皮和塑料绝缘线)的载流量(安全电流)不是直接指出,而是用"截面乘上一定的倍数"来表示,通过心算而得。

倍数随截面积的增大而减小。"二点五下乘以九,往上减一顺号走"说的是 2.5 mm² 及以下的各种截面铝芯绝缘线,其载流量约为截面积的 9 倍。如 2.5 mm² 导线,载流量为 2.5×9＝22.5(A)。从 4 mm² 及以上导线的载流量和截面积的倍数关系是顺着线号往上排,倍数逐次减 1,即 4×8、6×7、10×6、16×5、25×4。

"三十五乘三点五,双双成组减点五",说的是 35 mm² 的导线载流量为截面积的 3.5 倍,即 35×3.5＝122.5(A)。50 mm² 及以上的导线,其载流量与截面积之间的倍数关系变为两个线号成一组,倍数依次减 0.5,即 50 mm²、70 mm² 导线的载流量为截面数的 3 倍;95 mm²、120 mm² 导线载流量是其截面积的 2.5 倍,依此类推。

"条件有变加折算,高温九折铜升级",上述口诀是铝芯绝缘线、明敷在环境温度 25 ℃ 的条件下而定的。若铝芯绝缘线(简称铝线)明敷在环境温度长期高于 25 ℃ 的地区,导线载流量可按上述口诀计算方法算出,然后再打九折即可。当使用的不是铝线而是铜芯绝缘线(简称铜线),它的载流量要比同规格铝线略大一些,可按上述口诀方法算出比铝线加大一个线号的载流量。如 16 mm² 铜线的载流量,可按 25 mm² 铝线计算16×5＝80(A)。

二、活动实施

1.制定工作方案(如表4-1-2所示)

表4-1-2　工作方案

步骤	工作内容	负责人

2.列出仪表、工具、耗材和器材清单(如表4-1-3所示)

表4-1-3　仪表、工具、耗材和器材清单

序号	名称	型号和规格	单位	数量	备注

3.按照本组制定的实施方案进行船用电缆的选择与切割

(1)领取仪表、工具、耗材和器材;

(2)检查仪表、工具、耗材和器材;

(3)按最佳方案进行选择与切割。

4.考核标准

(1)根据用途及设备功率的大小选择合适的电缆;

(2)正确完成电缆的切割(5 min 内)。

三、评价反馈

各组代表展示作品,介绍任务的完成过程。作品展示前应准备阐述材料,并完成评价表4-1-4、表 4-1-5、表 4-1-6。

表 4-1-4　学生自评表

班级		组名		日期			
评价指标	评价要素					分值	得分
信息检索	能有效利用网络资源、工作手册查找有效信息;能用自己的语言有条理地去解释、表述所学知识;能将查找的信息有效转化到工作中					10	

续表

感知工作	能否熟悉各自的工作岗位,认同工作价值;在工作中,是否获得满足感	10	
参与状态	与教师、同学之间是否相互尊重、理解、平等;与教师、同学之间是否能够保持多向、丰富、适宜的信息交流	10	
	探究学习、自主学习不流于形式,处理好合作学习和独立思考的关系,做到有效学习;能提出有意义的问题或能发表个人见解;能按要求正确操作;能够倾听、协作、分享	10	
学习方法	工作计划、操作技能是否符合规范要求;是否获得了进一步发展的能力	10	
工作过程	遵守管理规程,操作过程符合现场管理要求;平时上课的出勤情况和每天完成工作任务情况;善于多角度思考问题,能主动发现、提出有价值的问题	15	
思维状态	是否能发现问题、提出问题、分析问题、解决问题	10	
自评反馈	按时按质完成工作任务;较好地掌握专业知识点;具有较强的信息分析能力和理解能力;具有较为全面严谨的思维能力并能条理清晰地表述成文	25	
自评分数			
有益的经验和做法			
总结反思建议			

表 4-1-5　小组评价表

序号	评价项目	分值	小组评价					平均值
1	任务是否按时完成	20						
2	材料完成上交情况	10						
3	任务完成质量	30						
4	语言表达能力	15						
5	小组成员合作面貌	15						
6	创新点	10						

表 4-1-6　综合评价表

项目名称	评价内容	分值	评价分数		任务总评
			自评	师评	
职业素养考核项目40%	穿戴规范、整洁	6			
	安全意识,责任意识,服从意识	6			
	积极参加教学活动,按时完成学生工作活页规定的任务	10			
	团队合作,与人交流能力	6			
	劳动纪律	6			
	生产现场管理6S标准	6			
专业核心能力考核项目60%	专业知识查找及时、准确	12			
	操作符合规范	18			
	操作熟练度,工作效率	12			
	完工质量	18			

注:评价档次统一采用 A(优秀)、B(良好)、C(合格)、D(努力)4 个。

任务二　船用电缆的连接与绝缘处理

建议学时：2学时

 **学习情境描述**

1.任务引入

导线连接是船舶电工作业的一项基本工序,也是一项十分重要的工序。导线连接的质量直接关系到整个线路能否安全可靠地长期运行。对导线连接的基本要求是:连接牢固可靠、接头电阻小、机械强度高、耐腐蚀耐氧化、电气绝缘性能好。那么,对于掌握不同船用电缆的端头处理和连接是船舶电工作业非常重要的技能之一。

2.关键知识点

电缆端子的种类;电缆端子的处理方法;导线的不同连接方法;导线绝缘处理的方法。

3.关键技能点

导线连接接线端子;导线的连接;导线的绝缘处理。

学习目标

1.知识目标

(1)了解电缆端子的种类和作用;

（2）掌握电缆端子的处理方法；（重点）

（3）掌握导线连接的不同方法；（重点）

（4）掌握导线绝缘处理的方法。（重点）

2.技能目标

（1）能够对电缆端子进行处理；（重点）

（2）能够对导线进行连接；（重点）

（3）能够对导线进行绝缘处理。（重点）

3.素质目标

（1）培养学生的安全规范操作意识；

（2）培养学生的团队协作、互助意识；

（3）培养学生的独立思考、探索创新精神。

📖 任务书

能够对各种船用电缆进行端头处理及接线。

👥 任务分组

学生任务分配表如表4-2-1所示。

表4-2-1 学生任务分配表

班级			组号		指导教师	
组长			学号			
组员	姓名		学号		任务	
	姓名		学号		任务	
	姓名		学号		任务	
	姓名		学号		任务	

学习活动一 船用电缆端子的处理

电缆端子,俗称线鼻子(DT),常用于电缆末端的连接和续接,能让电缆和电器连接更牢固、更安全,是建筑、电力设备、电器连接等常用的材料。一般导线与接线端子连接时,按照国家接线规范要求电缆末端连接均需使用对应的接线连接端子。而电缆如果是4 mm^{2}以上的多股铜线,则连接时需装接线鼻子,再与接线端子连接。

一、 活动前准备

🔷引导问题1：电缆接线端子的类型。

常用的接线端子分为两类,一类是冷压接线端子,另一类是接线端子排。

（1）冷压接线端子的类型较多（如图4-2-1所示）,在外形和型号上有区分,外形上有叉形端子、圆形端子、管形端子、片形端子、针形端子等,每个类型的端子又有各种型号。

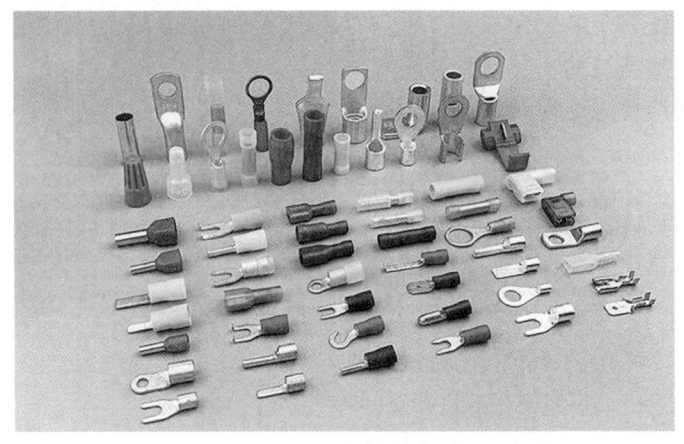

图 4-2-1　各种类型的冷压接线端子

（2）接线端子排也有不同的系列（如图 4-2-2 所示），有日式接线端子排、UK 欧式接线端子排、栅栏式接线端子排、保险式接线端子排、弹片式接线端子排等，这些端子排也对应有不同的型号。

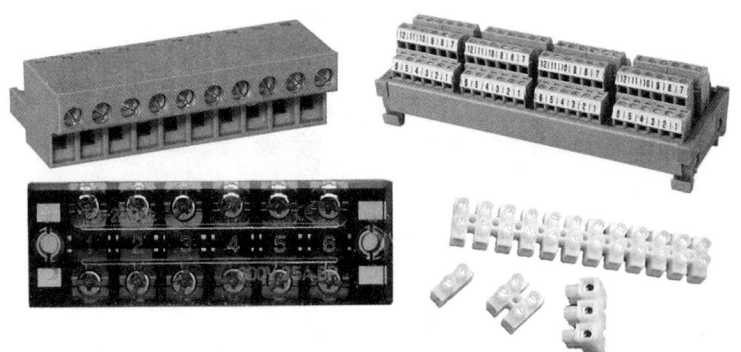

图 4-2-2　各种类型的接线端子排

引导问题 2：认识电缆端子压线工具。

（1）液压钳。如图 4-2-3(a) 所示，液压钳主要依托液压传动机构产生压力而抵达压接导线的目的，专门用于电力工程中对电缆和接线端子进行压接的专业液压工具，适用于压接 35 mm² 以上的多股铝芯、铜芯导线。有整体式、分体式、电动式、手动式等。

（2）电动压接钳。如图 4-2-3(b) 所示，电动压接钳，又名电动压线钳或电动端子钳，主要是利用锂电池的电能驱动电动马达而对外输出动能工作的一种工具。

（3）手动压接钳。如图 4-2-3(c)、(d) 所示，手动压接钳主要适用于 35 mm² 以下的叉形、圆形裸端子或预绝缘端子的压线。

（4）针形端子压线钳。如图 4-2-3(e) 所示，针形端子压线钳主要适用于针形裸端子或预绝缘端子的压线。

（5）网线钳。如图 4-2-3(f) 所示，网线钳主要适用于网线、电话线等弱电网络电线的切断、剖削以及水晶头的压接操作。

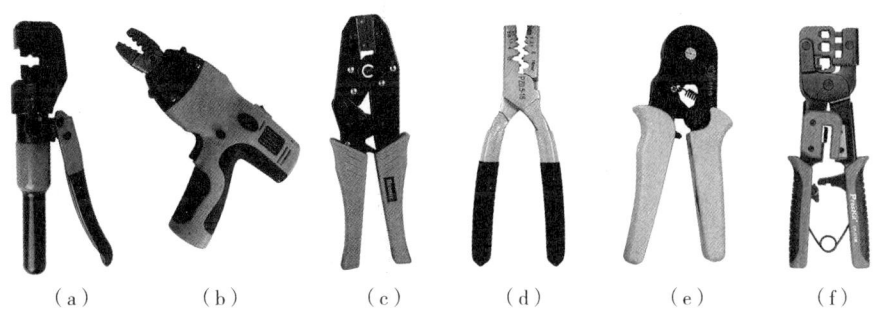

（a）　　　　　（b）　　　　（c）　　　　（d）　　　　（e）　　　　（f）

图 4-2-3　各种类型的电缆端子压线工具

引导问题 3：液压压接钳的使用。

铝芯导线连接接线端子的方法及步骤如下：

（1）准备好相关器材液压钳、剥线钳、电工刀、电工胶带（或热缩管）等；

（2）依据线芯的粗细选用适宜的接线端子；

（3）把连接处的导线绝缘护套剥除，剥除长度应为接线端子长度一般加上 5～10 mm，用钢丝刷去线芯表面的氧化层（膜），均匀地涂上凡士林锌粉膏；

（4）用圆条形钢丝刷清除接线端子内壁的氧化层及油垢，最好也在管子内壁涂上凡士林锌粉膏；

（5）把线芯插进接线端子，要插到孔底；

（6）挑选恰当的压线模，在接线端子正面压两个坑，先压外坑，再压内坑，两个坑要在一条线上；

（7）在接线端子根部和电线绝缘层之间包缠绝缘带（绝缘带要从电线绝缘层包起）。

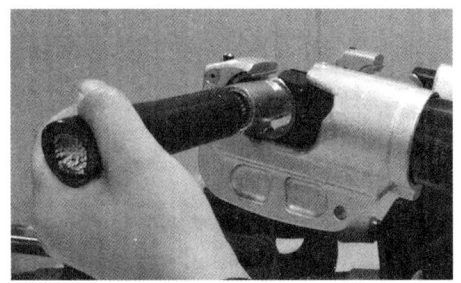

图 4-2-4　液压压接钳

二、活动实施

1.制定工作方案（如表 4-2-2 所示）

表 4-2-2　工作方案

步骤	工作内容	负责人

续表

2.列出仪表、工具、耗材和器材清单(如表4-2-3所示)

表4-2-3　仪表、工具、耗材和器材清单

序号	名称	型号和规格	单位	数量	备注

3.按照本组制定的实施方案进行船用电缆接线端子的处理

(1)领取仪表、工具、耗材和器材;

(2)检查仪表、工具、耗材和器材;

(3)按最佳方案进行电缆接线端子的处理。

4.考核标准

(1)根据电缆端头的特点及要求制定正确的接线方案;

(2)正确完成电缆端头的处理。(10 min内完成)

三、评价反馈

各组代表展示作品,介绍任务的完成过程。作品展示前应准备阐述材料,并完成评价表4-2-4、表4-2-5、表4-2-6。

表4-2-4　学生自评表

班级		组名		日期		
评价指标	评价要素				分值	得分
信息检索	能有效利用网络资源、工作手册查找有效信息;能用自己的语言有条理地去解释、表述所学知识;能将查找的信息有效转化到工作中				10	
感知工作	能否熟悉各自的工作岗位,认同工作价值;在工作中,是否获得满足感				10	

续表

参与状态	与教师、同学之间是否相互尊重、理解、平等;与教师、同学之间是否能够保持多向、丰富、适宜的信息交流	10	
	探究学习、自主学习不流于形式,处理好合作学习和独立思考的关系,做到有效学习;能提出有意义的问题或能发表个人见解;能按要求正确操作;能够倾听、协作、分享	10	
学习方法	工作计划、操作技能是否符合规范要求;是否获得了进一步发展的能力	10	
工作过程	遵守管理规程,操作过程符合现场管理要求;平时上课的出勤情况和每天完成工作任务情况;善于多角度思考问题,能主动发现、提出有价值的问题	15	
思维状态	是否能发现问题、提出问题、分析问题、解决问题	10	
自评反馈	按时按质完成工作任务;较好地掌握专业知识点;具有较强的信息分析能力和理解能力;具有较为全面严谨的思维能力并能条理清晰地表述成文	25	
自评分数			
有益的经验和做法			
总结反思建议			

表 4-2-5　小组评价表

序号	评价项目	分值	小组评价					平均值
1	任务是否按时完成	20						
2	材料完成上交情况	10						
3	任务完成质量	30						
4	语言表达能力	15						
5	小组成员合作面貌	15						
6	创新点	10						

表 4-2-6　综合评价表

项目名称	评价内容	分值	评价分数		任务总评
			自评	师评	
职业素养考核项目 40%	穿戴规范、整洁	6			
	安全意识,责任意识,服从意识	6			
	积极参加教学活动,按时完成学生工作活页规定的任务	10			
	团队合作,与人交流能力	6			
	劳动纪律	6			
	生产现场管理 6S 标准	6			
专业核心能力考核项目 60%	专业知识查找及时、准确	12			
	操作符合规范	18			
	操作熟练度,工作效率	12			
	完工质量	18			

注:评价档次统一采用 A(优秀)、B(良好)、C(合格)、D(努力)4 个。

学习活动二　船用电缆的接线

电缆的连接是电工作业的一项基本工序,也是一项十分重要的工序。导线连接的质量直接关系到整个线路能否安全可靠地长期运行。对导线连接的基本要求是:连接牢固可靠、接头电阻小、机械强度高、耐腐蚀耐氧化、电气绝缘性能好。

一、活动前准备

引导问题 1:导线的连接方法。

依据所需连接的导线种类和连接形式不同,其连接的方法也不同。常用的连接方法有绞合连接法、紧压连接法、焊接连接法等。连接前应小心地剥除导线连接部位的绝缘层,注意不可损伤其线芯。

引导问题 2:认识绞合连接法。

绞合连接法是指将需连接导线的线芯直接紧密绞合在一起,铜导线常用绞合连接法。

1.小截面单股铜导线的连接方法

小截面单股铜导线的连接方法如图 4-2-5 所示,先将两导线的线芯线头做 X 形交叉,再将它们相互缠绕 2~3 圈后扳直两线头,然后将每个线头在另一线芯上紧贴密绕 5~6 圈后剪去多余线头即可。

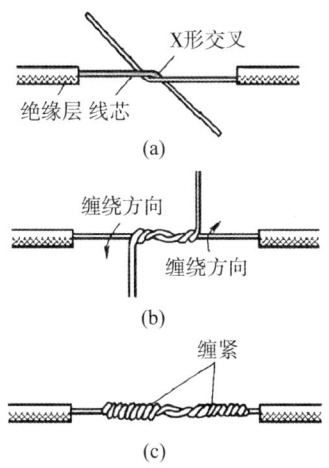

图 4-2-5　小截面单股铜导线的连接方法

2.大截面单股铜导线的连接方法

大截面单股铜导线的连接方法如图 4-2-6 所示,先在两导线的线芯重叠处填入一根相同直径的线芯,再用一根截面积约 1.5 mm² 的裸铜线在其上紧密缠绕,缠绕长度为导线直径的 10 倍左右,然后将被连接导线的线芯线头分别折回,再将两端的缠绕裸铜导线继续缠绕 5~6 圈后剪去多余线头即可。

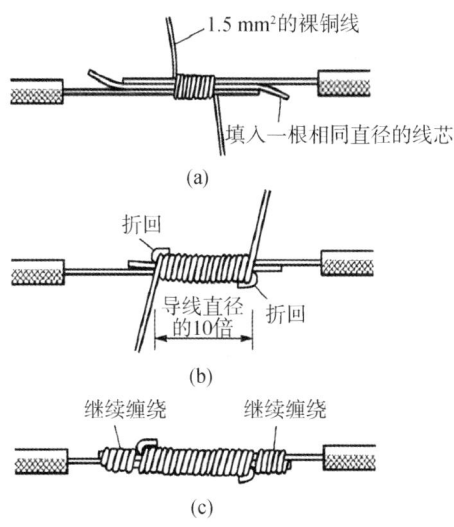

图 4-2-6　大截面单股铜导线的连接方法

3.不同截面单股铜导线的连接方法

不同截面单股铜导线的连接方法如图 4-2-7 所示,先将细导线的线芯在粗导线的线芯上紧密缠绕 5~6 圈,然后将粗导线线芯的线头折回紧压在缠绕层上,再用细导线线芯在其上继续缠绕 3~4 圈后剪去多余线头即可。

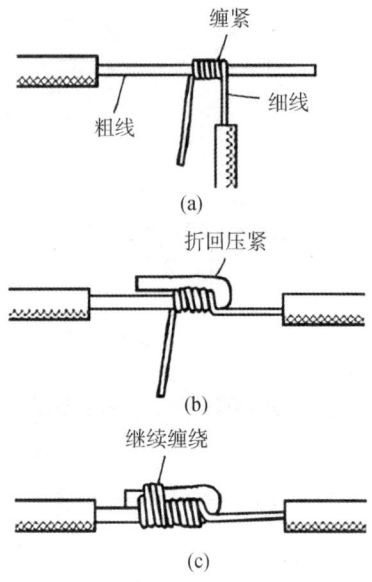

图 4-2-7　不同截面单股铜导线的连接方法

4.单股铜导线的分支连接方法

单股铜导线的 T 字分支连接方法如图 4-2-8 所示,将支路线芯的线头紧密缠绕在干路线芯上 5~8 圈后剪去多余线头即可。对于较小截面积的线芯,可先将支路线芯的线头在干路线芯上打一个环绕结,再紧密缠绕 5~8 圈后剪去多余线头即可。

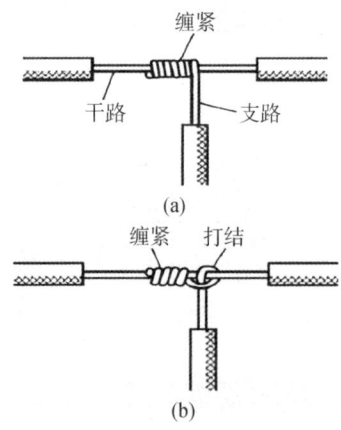

图 4-2-8　单股铜导线的 T 字分支连接方法

5.单股铜导线的十字分支连接方法

单股铜导线的十字分支连接方法如图 4-2-9 所示,将上下支路线芯的线头紧密缠绕在干路线芯上 5~8 圈后剪去多余线头即可。可以将上下支路线芯的线头向一个方向缠绕,如图 4-2-9(a)所示,也可以向左右两个方向缠绕如图 4-2-9(b)所示。

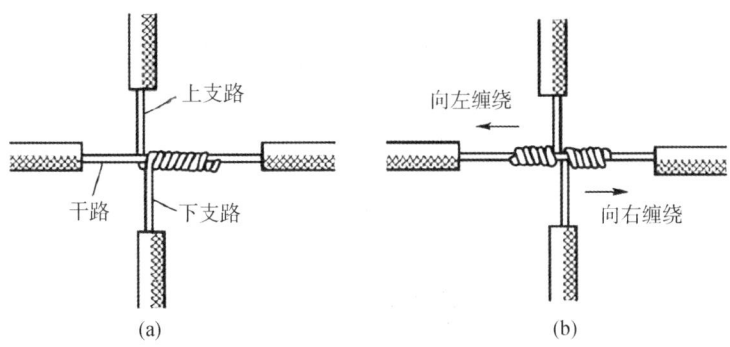

图 4-2-9　单股铜导线的十字分支连接方法

6.多股铜导线的直接连接方法

多股铜导线的直接连接方法如图 4-2-10 所示,首先将剥去绝缘层的多股线芯拉直,将其靠近绝缘层的约 1/3 线芯绞合拧紧,而将其余 2/3 线芯成伞状散开,另一根需连接的导线线芯也如此处理。接着将两伞状线芯相对着互相插入后捏平线芯,然后将每一边的线芯线头分作 3 组,先将某一边的第 1 组线头翘起并紧密缠绕在线芯上,再将第 2 组线头翘起并紧密缠绕在线芯上,最后将第 3 组线头翘起并紧密缠绕在线芯上。以同样方法缠绕另一边的线头。

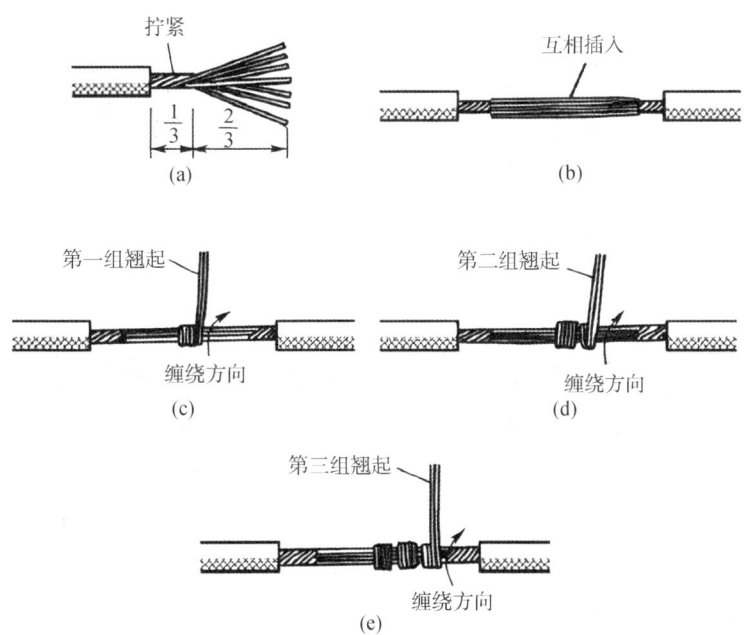

图 4-2-10　多股铜导线的直接连接方法

7.多股铜导线的分支连接方法

多股铜导线的 T 字分支连接有两种方法,一种方法如图 4-2-11 所示,将支路线芯 90°折弯后与干路线芯并行[如图 4-2-11(a)所示],然后将线头折回并紧密缠绕在线芯上即可[如图 4-2-11(b)所示]。

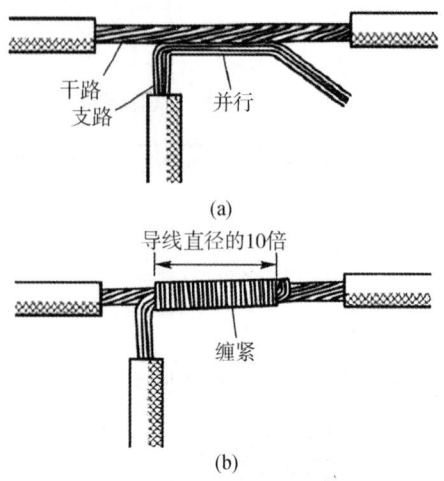

(a)

(b)

图 4-2-11　多股铜导线的 T 字分支连接方法(一)

　　另一种方法如图 4-2-12 所示,将支路线芯靠近绝缘层的约 1/8 线芯处绞合拧紧,其余 7/8 线芯分为两组[如图 4-2-12(a)所示],一组插入干路线芯当中,另一组放在干路线芯前面,并朝右边按图 4-2-12(b)所示方向缠绕 4~5 圈。再将插入干路线芯当中的那一组朝左边按图 4-2-12(c)所示方向缠绕 4~5 圈,连接好的铜导线如图 4-2-12(d)所示。

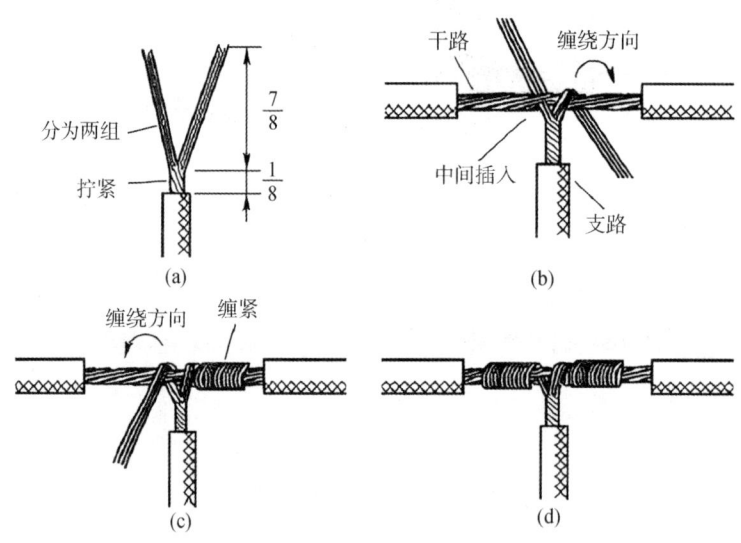

(a)　　　　　　　　　　　(b)

(c)　　　　　　　　　　　(d)

图 4-2-12　多股铜导线的 T 字分支连接方法(二)

8.单股铜导线与多股铜导线的连接方法

　　单股铜导线与多股铜导线的连接方法如图 4-2-13 所示,先将多股铜导线的线芯绞合拧紧成单股状,再将其紧密缠绕在单股铜导线的线芯上 5~8 圈,最后将单股线芯线头折回并压紧在缠绕部位即可。

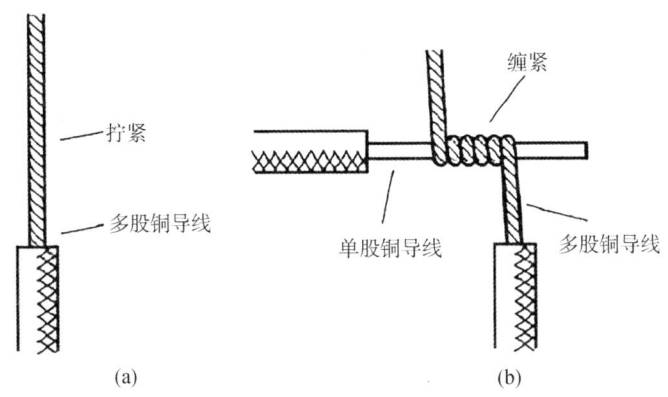

图 4-2-13　单股铜导线与多股铜导线的连接方法

9.同一方向导线的连接方法

当需要连接的导线来自同一方向时,可以采用如图 4-2-14 所示的方法。对于单股导线,可将一根导线的线芯紧密缠绕在其他导线的线芯上,再将其他线芯的线头折回压紧即可。对于多股导线,可将两根导线的线芯互相交叉,然后绞合拧紧即可。对于单股导线与多股导线的连接,可将多股导线的线芯紧密缠绕在单股导线的线芯上,再将单股线芯的线头折回压紧即可。

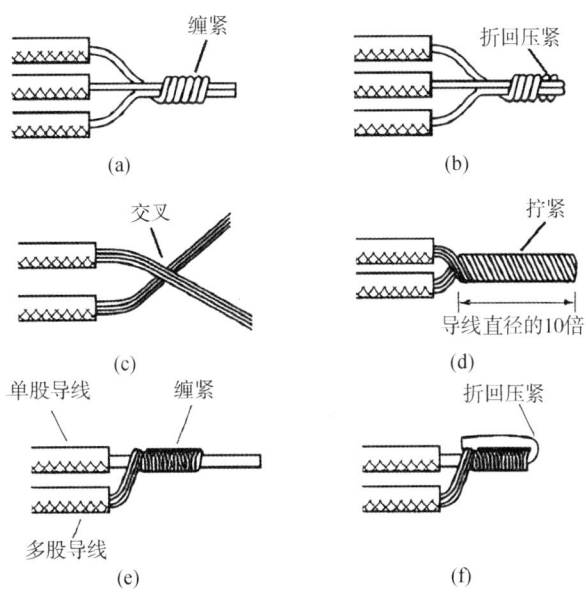

图 4-2-14　同一方向导线的连接方法

10.双芯或多芯电线电缆的连接

双芯护套线、三芯护套线或电缆、多芯电缆在连接时,应注意尽可能将各线芯的连接点互相错开位置,可以更好地防止线间漏电或短路。图 4-2-15(a)所示为双芯护套线的连接情况,图 4-2-15(b)所示为三芯护套线的连接情况,图 4-2-15(c)所示为四芯电线电缆的连接情况。

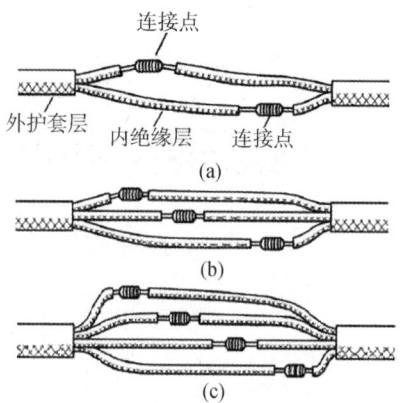

图 4-2-15　双芯或多芯电线电缆的连接方法

引导问题 3：认识紧压连接法。

铝导线虽然也可采用绞合连接,但铝导线线芯的表面极易氧化,日久将造成线路故障,因此铝导线通常采用紧压连接。

紧压连接是指用铜或铝套管套在被连接的线芯上,再用压接钳或压接模具压紧套管使线芯保持连接。铜导线(一般是较粗的铜导线)和铝导线都可以采用紧压连接,铜导线的连接应采用铜套管,铝导线的连接应采用铝套管。紧压连接前应先清除导线线芯表面和压接套管内壁上的氧化层和污物,以确保接触良好。

1.铜导线或铝导线的紧压连接

压接套管截面有圆形和椭圆形两种,圆截面套管内可以穿入一根导线,椭圆截面套管内可以并排穿入两根导线。

(1)使用圆截面套管

圆截面套管使用时,将需要连接的两根导线的线芯分别从左右两端插入套管相等长度,以保持两根线芯的线头的连接点位于套管内的中间,如图 4-2-16 所示;然后用压接钳或压接模具压紧套管,一般情况下只要在每端压一个坑即可满足接触电阻的要求。在对机械强度有要求的场合,可在每端压两个坑。对于较粗的导线或机械强度要求较高的场合,可适当增加压坑的数目。

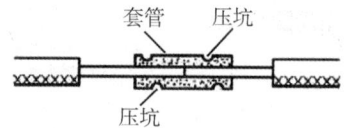

图 4-2-16　圆形套管紧压连接

(2)使用椭圆截面套管

椭圆截面套管使用时,将需要连接的两根导线的线芯分别从左右两端相对插入并穿出套管少许,如图 4-2-17(a)所示;然后压紧套管即可,如图 4-2-17(b)所示。椭圆截面套管不仅可用于导线的直线压接,而且可用于同一方向导线的压接,如图 4-2-17(c)所示;还可用于导线的 T 字分支压接或十字分支压接,如图 4-2-17(d)和图 4-2-17(e)所示。

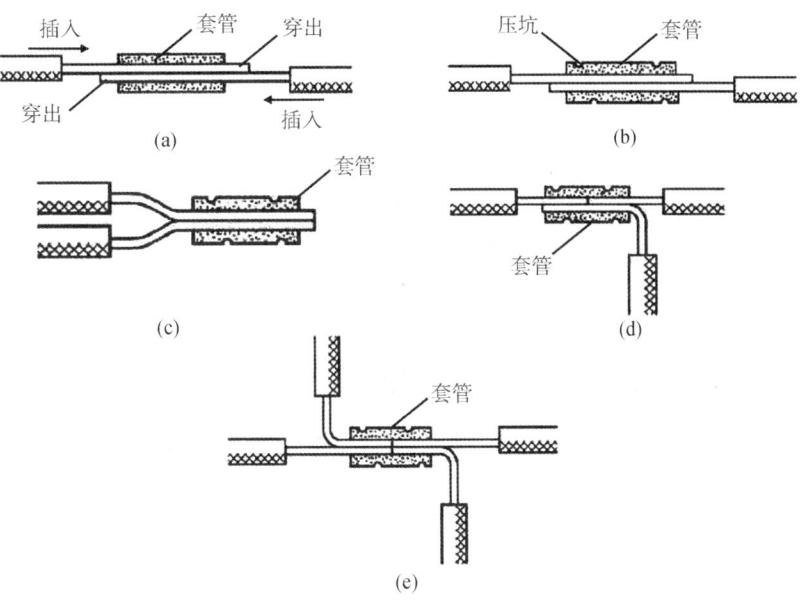

图 4-2-17　椭圆形套管紧压连接

2.铜导线与铝导线之间的紧压连接

当需要将铜导线与铝导线进行连接时,必须采取防止电化腐蚀的措施。因为铜和铝的标准电极电位不一样,如果将铜导线与铝导线直接绞接或压接,在其接触面将发生电化学腐蚀,引起接触电阻增大而过热,造成线路故障。常用的防止电化学腐蚀的连接方法有两种:

(1)采用铜铝连接套管

铜铝连接套管的一端是铜质,另一端是铝质,如图 4-2-18(a)所示。使用时将铜导线的线芯插入套管的铜端,将铝导线的线芯插入套管的铝端,然后压紧套管即可,如图4-2-18(b)所示。

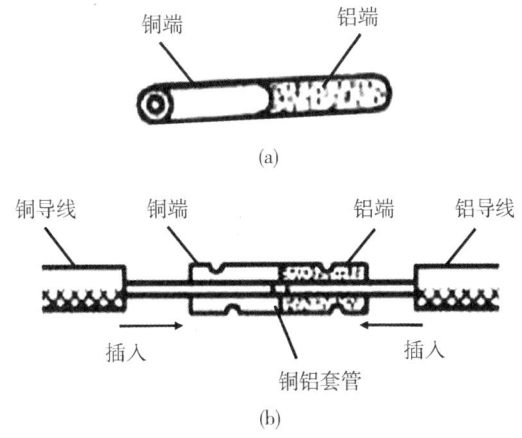

图 4-2-18　铜铝连接套管

(2)铜导线镀锡后与铝套管连接

由于锡与铝的标准电极电位相差较小,在铜与铝之间夹垫一层锡也可以防止电化学腐蚀。具体做法是先在铜导线的芯线上镀上一层锡,再将镀锡铜线芯插入铝套管的一端,铝导线的线芯插入该套管的另一端,最后压紧套管即可,如图 4-2-19 所示。

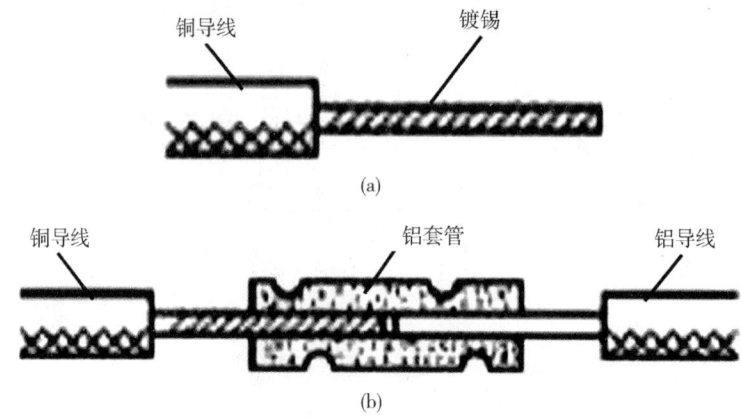

图 4-2-19　铜导线镀锡后与铝套管连接

引导问题 4:认识焊接连接法。

焊接是指将金属(焊锡等焊料或导线本身)熔化融合而使导线连接。电工技术中导线连接的焊接种类有锡焊、电阻焊、电弧焊、气焊、钎焊等。

1.铜导线接头的锡焊

(1)较细的铜导线接头

较细的铜导线接头可用大功率(例如 150 W)电烙铁进行焊接。焊接前应先清除铜导线接头部位的氧化层和污物。为增加连接可靠性和机械强度,可将待连接的两根铜导线先行绞合,再涂上无酸助焊剂,用电烙铁蘸焊锡进行焊接即可,如图 4-2-20 所示。焊接中应使焊锡充分熔融渗入导线接头缝隙中,焊接完成的接点应牢固光滑。

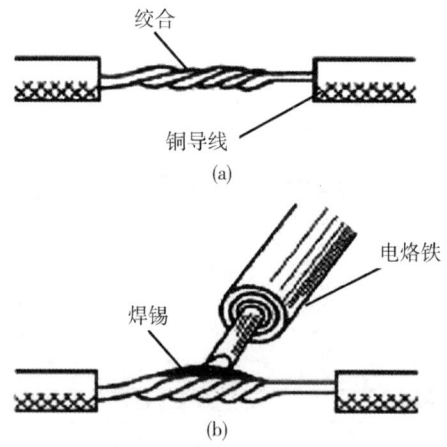

图 4-2-20　较细的铜导线焊接

(2)较粗的铜导线接头(一般指截面 16 mm² 以上)

较粗的铜导线接头可用浇焊法连接。浇焊前同样应先清除铜导线接头部位的氧化层和污物,涂上无酸助焊剂,并将导线接头绞合。将焊锡放在化锡锅内加热熔化。熔化的焊锡表面呈磷黄色说明锡液已达符合要求的高温,即可进行浇焊。浇焊时将铜导线接头置于化锡锅上方,用耐高温勺子盛上锡液从导线接头上面浇下,如图 4-2-21 所示。刚开始浇焊时因导线接头温度较低,锡液在接头部位不会很好渗入,应反复浇焊,直至完全焊牢为止。浇焊的接头表面也应光洁平滑。

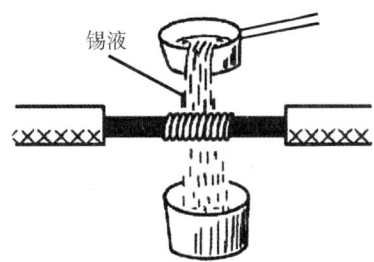

图 4-2-21　较粗的铜导线焊接

2.铝导线接头的焊接

铝导线接头的焊接一般采用电阻焊或气焊。铝电阻焊是指用低电压大电流通过铝导线的连接处,利用其接触电阻产生的高温高热将铝导线的线芯熔接在一起。电阻焊应使用特殊的降压变压器(1 kVA、初级 220 V、次级 6~12 V),配以专用焊钳和碳棒电极,如图 4-2-22 所示。

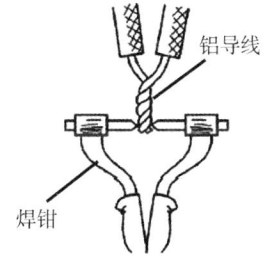

图 4-2-22　铝导线接头的焊接

3.气焊

气焊是指利用气焊枪的高温火焰,将铝导线的线芯连接点加热,使待连接的铝导线的线芯相互熔融连接。气焊前应将待连接的铝导线的线芯绞合,或用铝丝或铁丝绑扎固定,如图 4-2-23 所示。

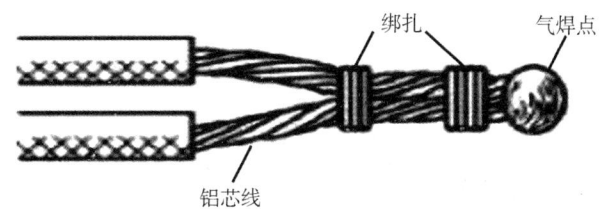

图 4-2-23　铝导线的气焊

🔲引导问题 5:导线连接处的绝缘处理。

为了进行连接,导线连接处的绝缘层已被去除。导线连接完成后,必须对所有绝缘层已被去除的部位进行绝缘处理,以恢复导线的绝缘性能,恢复后的绝缘强度应不低于导线原有的绝缘强度。

导线连接处的绝缘处理通常采用绝缘胶带进行缠裹包扎。一般电工常用的绝缘胶带有黄蜡带、涤纶薄膜带、黑胶布带、PVC塑料胶带、橡胶胶带等,如图4-2-24所示。绝缘胶带的宽度常用20 mm的,使用较为方便。

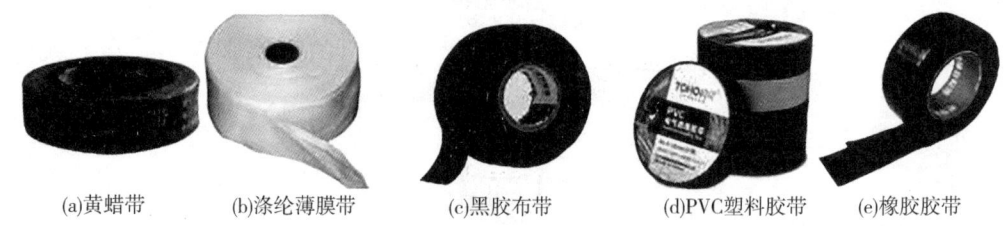

(a)黄蜡带　　(b)涤纶薄膜带　　(c)黑胶布带　　(d)PVC塑料胶带　　(e)橡胶胶带

图4-2-24　各种电工胶带

1.一般导线接头的绝缘处理

一字形连接的导线接头可按图4-2-25所示进行绝缘处理,先包缠一层黄蜡带,再包缠一层黑胶布带。

首先将黄蜡带从接头左边绝缘完好的绝缘层上开始包缠,包缠两圈后进入剥除了绝缘层的线芯部分[见图4-2-25(a)]。包缠时黄蜡带应与导线成55°左右倾斜角,每圈压叠带宽的1/2[见图4-2-25(b)],直至包缠到接头2倍带宽的完好绝缘层处。

然后将黑胶布带接在黄蜡带的尾端,按另一斜叠方向从右向左包缠[见图4-2-25(c)、图4-2-25(d)],仍每圈压叠带宽的1/2,直至将黄蜡带完全包缠住。包缠处理中应用力拉紧胶带,注意不可稀疏,更不能露出线芯,以确保绝缘质量和用电安全。对于220 V线路,也可不用黄蜡带,只用黑胶布带或PVC塑料胶带包缠两层。在潮湿场所应使用聚氯乙烯绝缘胶带或涤纶薄膜带。

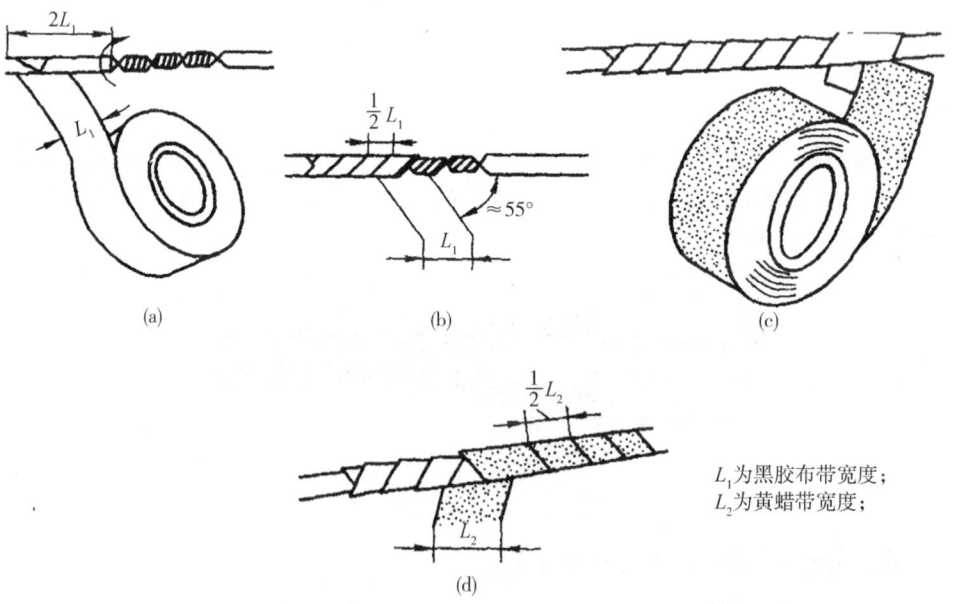

L_1为黑胶布带宽度;
L_2为黄蜡带宽度;

图4-2-25　一字线连接的导线接头的绝缘处理

2.T 字分支接头的绝缘恢复

（1）将绝缘胶带从接头左端开始包缠，每圈叠压带宽的 1/2 左右，如图［4-2-26(a)］所示。

（2）缠绕至支线时，用左手拇指顶住左侧直角处的带面，使它紧贴于转角处线芯，而且要使处于接头顶部的带面尽量向右侧斜压，如图［4-2-26(b)］所示。

（3）当围绕到右侧转角处时，用手指顶住右侧直角处带面，将带面在干线顶部向左侧斜压，使其与被压在下边的带面呈 X 状交叉，然后把带再回绕到左侧转角处，如图［4-2-26(c)］所示。

（4）使绝缘胶带从接头交叉处开始在支线上向下包缠，并使绝缘胶带向右侧倾斜，如图［4-2-26(d)］所示。

（5）在支线上绕至绝缘层上约两倍带宽时，绝缘胶带折回向上包缠，并使绝缘胶带向左侧倾斜，绕至接头交叉处，使绝缘胶带围绕过干线顶部，然后开始在干线右侧线芯上进行包缠，如图［4-2-26(e)］所示。

（6）包缠至干线右端的完好绝缘层后，再接上黑胶带，按上述方法包缠一层即可，如图［4-2-26(f)］所示。

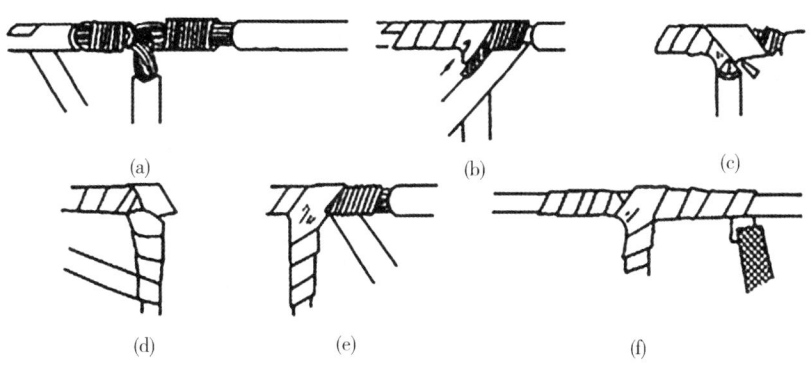

图 4-2-26　T 字分支接头的绝缘恢复

3.十字分支接头的绝缘恢复

对导线的十字分支接头进行绝缘处理时，包缠方向如图 4-2-27 所示，走一个十字形的来回，使每根导线上都包缠两层绝缘胶带，每根导线也都应包缠到完好绝缘层的 2 倍带宽处。

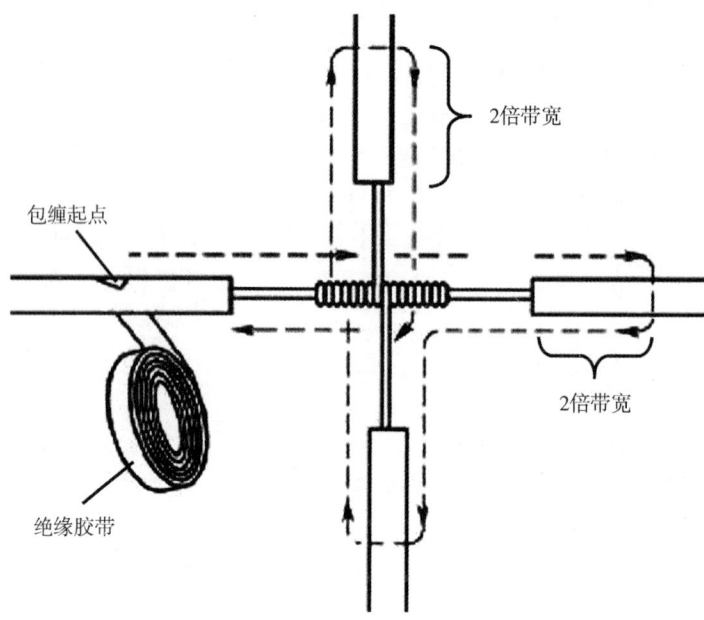

图 4-2-27　十字分支接头的绝缘恢复

引导问题 6：导线绝缘层恢复时的注意事项。

（1）在为工作电压为 380 V 的导线恢复绝缘时，必须先包缠 1～2 层的黄蜡带，然后再包缠一层黑胶带；

（2）在为工作电压为 220 V 的导线恢复绝缘时，应先包缠一层黄蜡带，然后再包缠一层黑胶带，也可只包缠两层黑胶带；

（3）包缠绝缘带时，不能过疏，更不能露出线芯，以免造成触电或短路事故；

（4）绝缘带平时不可放在温度很高的地方，也不可浸染油类。

二、活动实施

1.制定工作方案（如表 4-2-7 所示）

表 4-2-7　工作方案

步骤	工作内容	负责人

2.列出仪表、工具、耗材和器材清单(如表4-2-8所示)

表4-2-8   仪表、工具、耗材和器材清单

序号	名称	型号和规格	单位	数量	备注

3.按照本组制定的实施方案进行船用电缆的连接与绝缘处理

(1)领取仪表、工具、耗材和器材;

(2)检查仪表、工具、耗材和器材;

(3)按最佳方案进行连接与绝缘处理。

4.考核标准

(1)正确完成电缆的连接(10 min 内);

(2)正确完成电缆的绝缘处理(5 min 内)。

三、 评价反馈

各组代表展示作品,介绍任务的完成过程。作品展示前应准备阐述材料,并完成评价表4-2-9、表 4-2-10、表 4-2-11。

表4-2-9   学生自评表

班级		组名		日期		
评价指标		评价要素			分值	得分
信息检索		能有效利用网络资源、工作手册查找有效信息;能用自己的语言有条理地去解释、表述所学知识;能将查找的信息有效转化到工作中			10	
感知工作		能否熟悉各自的工作岗位,认同工作价值;在工作中,是否获得满足感			10	
参与状态		与教师、同学之间是否相互尊重、理解、平等;与教师、同学之间是否能够保持多向、丰富、适宜的信息交流			10	
		探究学习、自主学习不流于形式,处理好合作学习和独立思考的关系,做到有效学习;能提出有意义的问题或能发表个人见解;能按要求正确操作;能够倾听、协作、分享			10	

续表

学习方法	工作计划、操作技能是否符合规范要求;是否获得了进一步发展的能力	10	
工作过程	遵守管理规程,操作过程符合现场管理要求;平时上课的出勤情况和每天完成工作任务情况;善于多角度思考问题,能主动发现、提出有价值的问题	15	
思维状态	是否能发现问题、提出问题、分析问题、解决问题	10	
自评反馈	按时按质完成工作任务;较好地掌握专业知识点;具有较强的信息分析能力和理解能力;具有较为全面严谨的思维能力并能条理清晰地表述成文	25	
自评分数			
有益的经验和做法			
总结反思建议			

表 4-2-10　小组评价表

序号	评价项目	分值	小组评价						平均值
1	任务是否按时完成	20							
2	材料完成上交情况	10							
3	任务完成质量	30							
4	语言表达能力	15							
5	小组成员合作面貌	15							
6	创新点	10							

表 4-2-11　综合评价表

项目名称	评价内容	分值	评价分数		任务总评
			自评	师评	
职业素养考核项目 40%	穿戴规范、整洁	6			
	安全意识,责任意识,服从意识	6			
	积极参加教学活动,按时完成学生工作活页规定的任务	10			
	团队合作,与人交流能力	6			
	劳动纪律	6			
	生产现场管理 6S 标准	6			
专业核心能力考核项目 60%	专业知识查找及时、准确	12			
	操作符合规范	18			
	操作熟练度,工作效率	12			
	完工质量	18			

注:评价档次统一采用 A(优秀)、B(良好)、C(合格)、D(努力)4 个。

项目五

电路板的维护与管理

任务一 电子元件的识别

学习情境描述

1.任务引入

认识和识别电子元件是电子电路分析、维护与维修的基础。作为船舶电气设备管理技术人员，电子元件的识别是必备技能。

2.关键知识点

电子元件的图形符号。

3.关键技能点

电子元件的识别。

学习目标

1.知识目标

(1)认识电阻、电容、电感的图形符号；(重点)

(2)认识半导体器件图形符号；(重点)

(3)认识其他电子元件图形符号。

2.技能目标

能够识别电阻、电容、电感、晶体二极管、晶体三极管等电子元件。

3.素质目标

(1)培养学生的安全规范操作意识；

(2)培养学生的团队协作、互助意识；

(3)培养学生的独立思考、探索创新精神。

📖 任务书

能够认识常用电子元件的图形符号,能够识别控制箱中的电子元件。

👥 任务分组

学生任务分配如表 5-1-11 所示。

表 5-1-1 学生任务分配表

班级			组号		指导	
组长			学号		教师	
组员	姓名		学号		任务	
	姓名		学号		任务	
	姓名		学号		任务	
	姓名		学号		任务	

一、 活动前准备

🔷**引导问题 1:了解电阻。**

电阻器是电子设备中使用最多的基本元件之一。统计表明,电阻器在一般电子产品中要占到全部元件的 50% 左右。各种材料的物体对通过它的电流都呈现一定的阻碍作用,我们把这种阻碍电流的作用叫作电阻(物体阻碍电流通过的属性,叫作物体的电阻)。图 5-1-1 为常见电阻器。

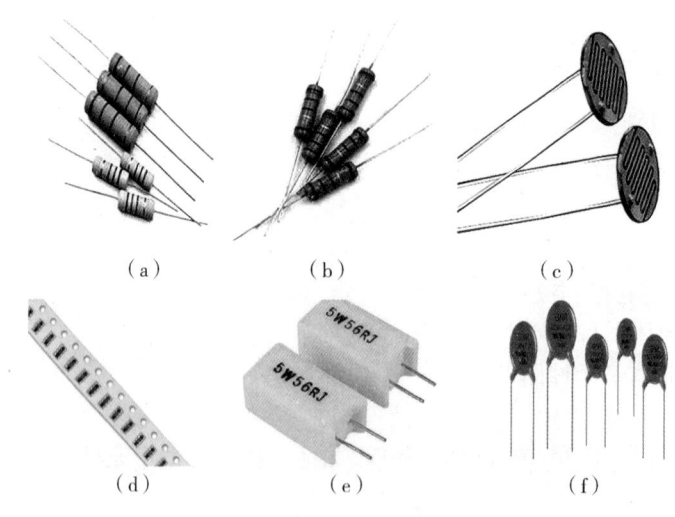

| (a) | (b) | (c) |

| (d) | (e) | (f) |

图 5-1-1 常见电阻器

(1)结合图 5-1-1 所示的各种电阻器,说出(a)~(f)电阻器的名称是什么?

（2）常用电阻器的电路符号如图 5-1-2 所示。

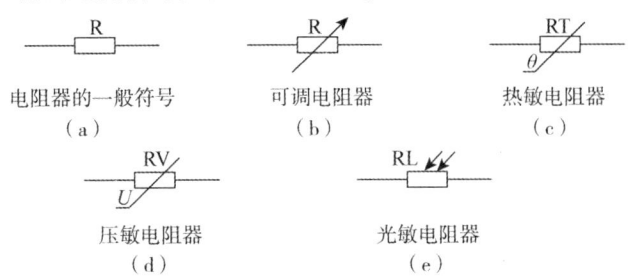

图 5-1-2　常见电阻器的符号

（3）电阻器型号命名的方法：

第一部分为主称，用字母 R 表示。

第二部分为电阻体材料，用字母 J 表示。

第三部分为分类特征，用数字或字母表示。

第四部分为序号，用数字表示，以区别外形尺寸和性能参数。

如图 5-1-3 所示，RJ71 精密型金属膜电阻器的命名如下：

图 5-1-3　电阻器的命名

（4）写出电阻器的标注方法：

_____

_____

_____

_____

🔲**引导问题 2：了解电容器。**

电容器（简称电容）在电子仪器中也是一种必不可少的基本元件。它是由两个相互靠近的金属电极板中间夹一层绝缘电介质构成的。在两个极板上加上电压，电极板上就可以储存电荷。两极板所储存的电荷数量相同，极性相反。储存的电荷还可以通过外电路向外释放，即电容器是充、放电荷的电子元器件。电容器从物理学上讲，是一种静态电荷存储介质。图 5-1-4 为常见电容器。

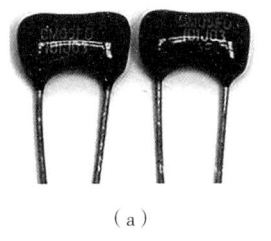

（a）

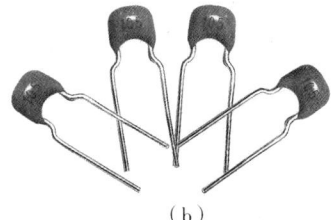

（b）

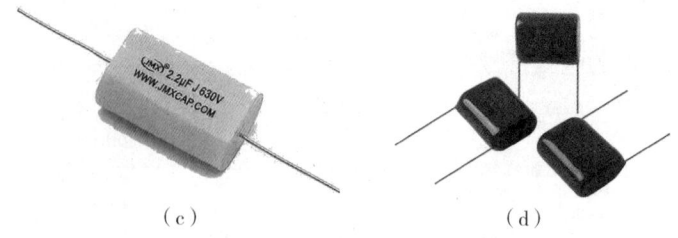

（c）　　　　　　　　　　　　　　（d）

图 5-1-4　常见电容器

（1）结合图 5-1-4 所示常见电容器，说出（a）~（d）电容器的名称是什么？

_____

_____

_____

_____

（2）常用电容器的电路符号如图 5-1-5 所示。

（a）无极性电容　（b）有极性电容　（c）微调电容　（d）可变电容　（e）双连可变电容

图 5-1-5　电容器的电路符号

（3）电容器使用的注意事项：

_____

_____

_____

_____

（4）电容量。

电容量的大小，取决于电容器的极板面积、极板间距及电介质常数：

$$C = \frac{\varepsilon S}{d}$$

式中：C——电容量，单位为法拉（F）；

　　　S——极板面积，单位为平方米（m^2）；

　　　d——两极板间距，单位为米（m）；

　　　ε——电介质常数，单位为法/米（F/m）。

常用的电容单位有毫法（mF）、微法（μF）、纳法（nF）和皮法（pF）（皮法又称微微法）等，它们之间的换算关系是：

1 法拉（F）= 1 000 毫法（mF）= 1 000 000 微法（μF）

1 微法（μF）= 1 000 纳法（nF）= 1 000 000 皮法（pF）。

🔷 **引导问题 3：了解电感器。**

电感器是用导线在绝缘骨架上单层或多层绕制而成的，又叫电感线圈（扼流器、电抗器、动态电抗器）。图 5-1-6 为常见电感器。

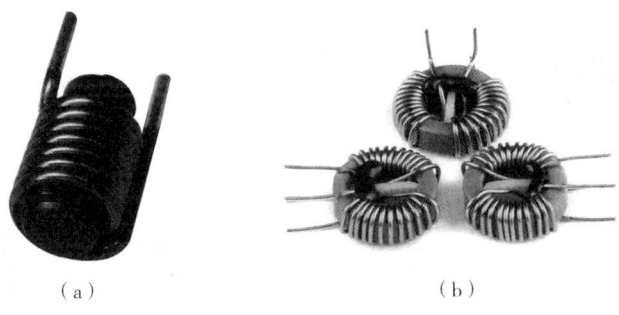

（a）　　　　　　　　　　　　　　（b）

图 5-1-6　常见电感器

（1）结合图 5-1-6 所示常见电感器，说出（a）、（b）电感器的名称是什么？

_____

_____

_____

（2）常用电感器的电路符号（如图 5-1-7 所示）：

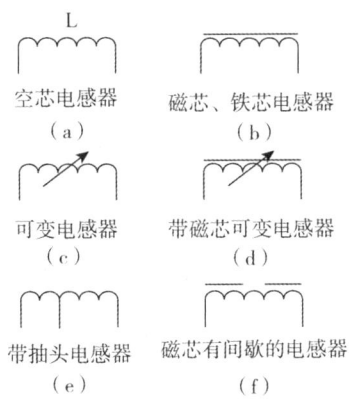

图 5-1-7　常见电感器的电路符号

（3）电感器的选用原则：

_____

_____

_____

引导问题 4：了解二极管。

　　二极管是电子元件当中一种具有两个电极的装置，只允许电流由单一方向流过，许多的使用是应用其整流的功能。而变容二极管则用来当作电子式的可调电容器。大部分二极管所具备的电流方向性我们通常称之为"整流"功能。二极管最普遍的功能就是只允许电流由单一方向通过（称为顺向偏压），反向时阻断（称为逆向偏压）。因此，二极管可以设想成电子版的逆止阀。图 5-1-8 为常见二极管。

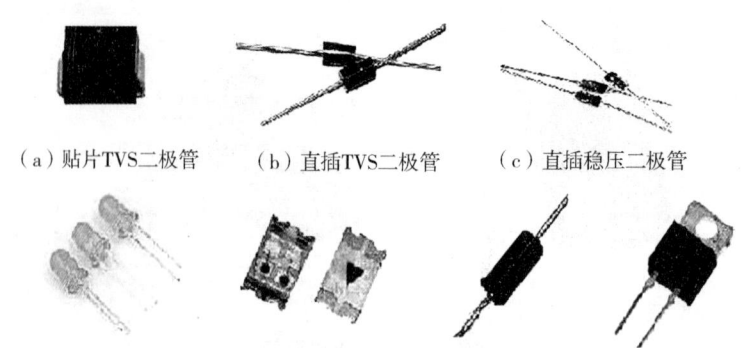

（a）贴片TVS二极管　（b）直插TVS二极管　（c）直插稳压二极管

（d）直插LED二极管　（e）贴片LED二极管（f）直插整流管　（e）直插整流管

图 5-1-8　常见二极管

常用二极管的电路符号如图 5-1-9 所示。

▷|⊣	二极管(一般符号)	▷|←	隧道二极管
▷|⊣ (发光)	发光二极管	▷|⊣	稳压二极管
▷|⊣ θ	温度效应二极管	▷◁	双向击穿二极管（双向稳压二极管）
▷|⊣ （变容）	变容二极管	▷◁	双向二极管 交流开关二极管
		▷◁	体效应二极管

图 5-1-9　常用二极管的电路符号

◆引导问题 5：了解三极管。

三极管也称双极型晶体管、晶体三极管，是一种控制电流的半导体器件。其作用是把微弱信号放大成幅度值较大的电信号，也用作无触点开关。三极管是半导体基本元器件之一，具有电流放大作用，是电子电路的核心元器件。三极管是在一块半导体基片上制作两个相距很近的 PN 结，两个 PN 结把整块半导体分成三部分，中间部分是基区，两侧部分是发射区和集电区，排列方式有 PNP 和 NPN 两种。图 5-1-10 为常见三极管。

（a）　　　　　　　　　　（b）

（c）　　　　　　　　　　　（d）

图 5-1-10　常见三极管

（1）结合图 5-1-10 所示常见三极管，说出（a）~（d）三极管的名称是什么？

_____

_____

_____

_____

（2）常用三极管的电路符号如图 5-1-11 所示。

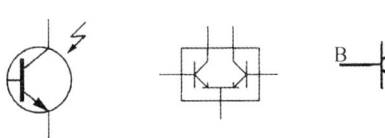

（a）光敏三极管　（b）复合三极管　　（c）PNP三极管

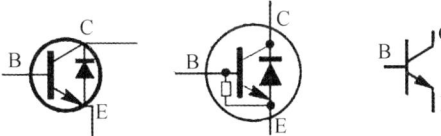

（d）带阻尼二极管　（e）带阻尼电阻二极管　（f）NPN三极管
　　　NPN三极管　　　　NPN三极管

图 5-1-11　常用三极管的电路符号

二、活动实施

1.制定工作方案（如表 5-1-2 所示）

表 5-1-2　工作方案

步骤	工作内容	负责人

2.列出仪表、工具、耗材和器材清单(如表 5-1-3 所示)

表 5-1-3　仪表、工具、耗材和器材清单

序号	名称	型号和规格	单位	数量	备注

3.按照本组制定的实施方案进行电子元件的识别

(1)领取仪表、工具、耗材和器材;

(2)检查仪表、工具、耗材和器材;

(3)按最佳方案进行识别。

4.考核标准

(1)根据考评员指令,正确识别电子元件(1 min 内完成);

(2)正确叙述给定电子元件的名称、用途及电气表示符号。

三、 评价反馈

各组代表展示作品,介绍任务的完成过程。作品展示前应准备阐述材料,并完成评价表 5-1-4、表 5-1-5、表 5-1-6。

表 5-1-4　学生自评表

班级		组名		日期		
评价指标	评价要素				分值	得分
信息检索	能有效利用网络资源、工作手册查找有效信息;能用自己的语言有条理地去解释、表述所学知识;能将查找的信息有效转化到工作中				10	
感知工作	能否熟悉各自的工作岗位,认同工作价值;在工作中,是否获得满足感				10	
参与状态	与教师、同学之间是否相互尊重、理解、平等;与教师、同学之间是否能够保持多向、丰富、适宜的信息交流				10	
	探究学习、自主学习不流于形式,处理好合作学习和独立思考的关系,做到有效学习;能提出有意义的问题或能发表个人见解;能按要求正确操作;能够倾听、协作、分享				10	
学习方法	工作计划、操作技能是否符合规范要求;是否获得了进一步发展的能力				10	

续表

工作过程	遵守管理规程,操作过程符合现场管理要求;平时上课的出勤情况和每天完成工作任务情况;善于多角度思考问题,能主动发现、提出有价值的问题	15	
思维状态	是否能发现问题、提出问题、分析问题、解决问题	10	
自评反馈	按时按质完成工作任务;较好地掌握专业知识点;具有较强的信息分析能力和理解能力;具有较为全面严谨的思维能力并能条理清晰地表述成文	25	
自评分数			
有益的经验和做法			
总结反思建议			

表 5-1-5　小组评价表

序号	评价项目	分值	小组评价	平均值
1	任务是否按时完成	20		
2	材料完成上交情况	10		
3	任务完成质量	30		
4	语言表达能力	15		
5	小组成员合作面貌	15		
6	创新点	10		

表 5-1-6　综合评价表

项目名称	评价内容	分值	评价分数 自评	评价分数 师评	任务总评
职业素养考核项目40%	穿戴规范、整洁	6			
	安全意识,责任意识,服从意识	6			
	积极参加教学活动,按时完成学生工作活页规定的任务	10			
	团队合作,与人交流能力	6			
	劳动纪律	6			
	生产现场管理6S标准	6			
专业核心能力考核项目60%	专业知识查找及时、准确	12			
	操作符合规范	18			
	操作熟练度,工作效率	12			
	完工质量	18			

注:评价档次统一采用 A(优秀)、B(良好)、C(合格)、D(努力)4 个。

任务二　电路板的装配与焊接

建议学时：4学时

学习情境描述

1.任务引入

电路板的装配与焊接在电子工程技术中占有重要位置。任何一个电子产品都是由设计→装配→焊接→调试形成的,而焊接是保证电子产品质量和可靠性的最基本环节

2.关键知识点

选用正确焊接工具;掌握电烙铁安全使用注意事项。

3.关键技能点

采用正确的方法完成电路板、电子元件的焊接与装配。

学习目标

1.知识目标

(1)掌握各焊接设备的特点;(重点)

(2)掌握电烙铁的安全使用注意事项。(重点)

2.技能目标

(1)能够采用正确的方法完成电路板、电子元件的装配与焊接;

(2)能够经仪器测试,使电路功能正常;

(3)能够达到电子元件排列整齐、焊点圆润光滑且无虚焊的要求。

3.素质目标

(1)培养学生的安全规范操作意识;

(2)培养学生的团队协作、互助意识;

(3)培养学生的独立思考、探索创新精神。

任务书

学会电路板、电子元件的装配与焊接。

任务分组

学生任务分配如表5-2-1所示。

表 5-2-1 学生任务分配表

班级			组号		指导教师	
组长			学号			
组员	姓名		学号		任务	
	姓名		学号		任务	
	姓名		学号		任务	
	姓名		学号		任务	

一、活动前准备

🔹**引导问题 1：了解电烙铁。**

电烙铁是进行手工焊接最常用的工具。它是根据电流通过加热器件产生热量的原理制成的，主要用途是焊接元件及导线。其根据机械结构可分为内热式电烙铁和外热式电烙铁，根据功能可分为焊接用电烙铁和吸锡用电烙铁，根据用途又分为大功率电烙铁和小功率电烙铁，如图 5-2-1 所示。

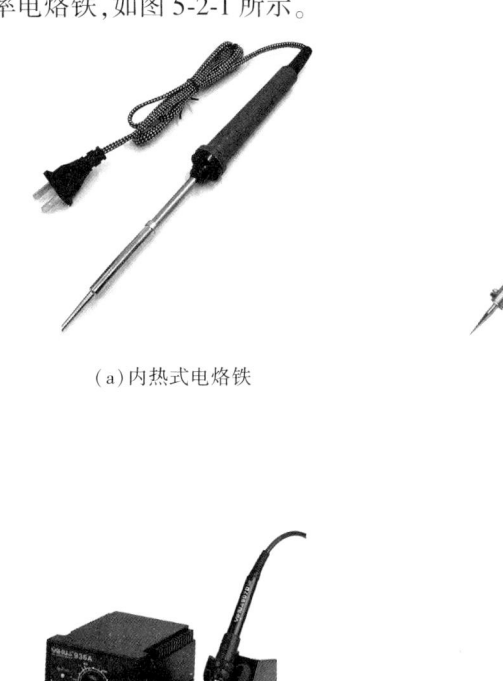

（a）内热式电烙铁　　　　　　　　　　（b）外热式电烙铁

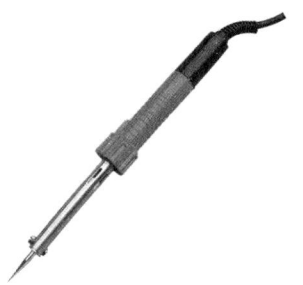

（c）焊接用电烙铁　　　　　　　　　　（d）吸锡用电烙铁

图 5-2-1 电烙铁的种类

写出图 5-2-1 中的电烙铁各自的特点、功率以及如何选用电烙铁。

_____

_____

_____

引导问题 2：了解焊料与助焊剂。

手工焊接是每一个电子装配工必须掌握的技术，也是业余维修人员的一项技艺。正确选用焊料和助焊剂，根据实际情况选择焊接工具，是保证焊接质量的必备条件。能熔合两种或两种以上的金属，使之成为一个整体的易熔金属或合金都叫焊料。

常用的锡铅焊料中，锡占 62.7%，铅占 37.3%。这种配比的焊锡焊料熔点和凝固点都是 183 ℃，可以由液态直接冷却为固态，不经过半液态。焊点可迅速凝固，缩短焊接时间，减少虚焊，该点温度称为共晶点。该成分配比的焊锡称为共晶焊锡。助焊剂是一种焊接辅助材料。常用的助焊剂有松香、松香酒精、焊膏、氯化锌、氯化铵等。电子电气制品焊接常采用中心夹有松香助焊剂。含锡量为 61%、含铅量为 39% 的锡铅焊锡丝，也称松香焊锡丝。

图 5-2-2 所示为焊料和助焊剂。

（a）锡铅焊料　　　　　　　　　　　　（b）松香助焊剂

图 5-2-2　焊料和助焊剂

写出共晶焊锡的特点和助焊剂的作用。

_____

_____

引导问题 3：了解热风枪。

热风枪主要是利用发热电阻丝的枪芯吹出的热风来对电子元件进行焊接与摘取的工具。热风枪由控制电路、空气压缩泵和热风喷头等组成。其中控制电路是整个热风枪的温度、风力控制中心；空气压缩泵是热风枪的心脏，负责热风枪的风力供应；热风喷头是将空气压缩泵送来的压缩空气加热到可以使焊锡熔化的部件。其头部还装有可以检测温度的传感器，把温度高低转变为电信号送回电源控制电路板；各种喷嘴用于装拆不同的表面贴片元器件。如图 5-2-3 所示为热风枪。

图 5-2-3　热风枪

引导问题 4：了解电烙铁的握法。

结合图 5-2-4 所示电烙铁的握法，写出各种握法的名称。

_____

_____

_____

_____

  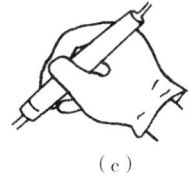

（a）　　　　　　　　（b）　　　　　　　　（c）

图 5-2-4　电烙铁的握法

引导问题 5：了解焊锡的基本拿法。

结合图 5-2-5 所示焊锡的基本拿法，写出各种拿法的名称及适用情况。

_____

_____

_____

_____

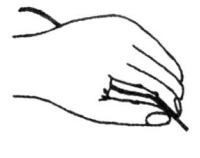 

（a）　　　　　　　　　　　　（b）

图 5-2-5　焊锡的基本拿法

引导问题 6：了解焊接操作的基本方法。

结合图 5-2-6，简述焊接操作的过程。

_____

_____

_____

_____

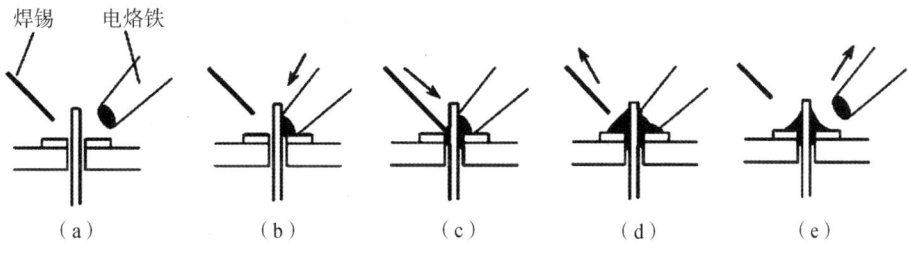

（a）　　　　　　（b）　　　　　　（c）　　　　　　（d）　　　　　　（e）

图 5-2-6　焊接操作的基本方法

理想焊点的外观

（1）形状为近似圆锥而表面稍微凹陷，呈慢坡状，以焊接导线为中心，对称成裙形展开。虚焊点的表面往往向外凸出，可以鉴别出来。

（2）焊点上，焊料的连接面呈凹形自然过渡，焊锡和焊件的交界处平滑，接触角尽可能小。

（3）表面平滑，有金属光泽。

（4）无裂纹、针孔、夹渣。

引导问题7：焊接电子元件。

叙述焊接电子元件的操作过程。

_____

_____

_____

_____

_____

引导问题8：更换损坏的电子元件。

叙述更换损坏的电子元件的过程。

_____

_____

_____

_____

_____

引导问题9：焊接电线。

叙述焊接电线的操作过程。

_____

_____

_____

_____

_____

引导问题10：焊接操作的注意事项。

叙述焊接操作的注意事项。

_____

_____

_____

_____

二、活动实施

1.制定工作方案(图表5-2-2所示)

表5-2-2　工作方案

步骤	工作内容	负责人

2.列出仪表、工具、耗材和器材清单(如表5-2-3所示)

表5-2-3　仪表、工具、耗材和器材清单

序号	名称	型号和规格	单位	数量	备注

3.按照本组制定的实施方案进行电路板的装配与焊接

(1)领取仪表、工具、耗材和器材;

(2)检查仪表、工具、耗材和器材;

(3)按最佳方案进行电路板的装配与焊接。

4.考核标准

(1)根据电路图纸,正确选择电子元件(5 min 内完成);

(2)正确完成电路板的装配与焊接(30 min 内完成)。

三、评价反馈

各组代表展示作品,介绍任务的完成过程。作品展示前应准备阐述材料,并完成评价表5-2-4、表5-2-5、表5-2-6。

表 5-2-4　学生自评表

班级		组名		日期		
评价指标	评价要素				分值	得分
信息检索	能有效利用网络资源、工作手册查找有效信息;能用自己的语言有条理地去解释、表述所学知识;能将查找的信息有效转化到工作中				10	
感知工作	能否熟悉各自的工作岗位,认同工作价值;在工作中,是否获得满足感				10	
参与状态	与教师、同学之间是否相互尊重、理解、平等;与教师、同学之间是否能够保持多向、丰富、适宜的信息交流				10	
	探究学习、自主学习不流于形式,处理好合作学习和独立思考的关系,做到有效学习;能提出有意义的问题或能发表个人见解;能按要求正确操作;能够倾听、协作、分享				10	
学习方法	工作计划、操作技能是否符合规范要求;是否获得了进一步发展的能力				10	
工作过程	遵守管理规程,操作过程符合现场管理要求;平时上课的出勤情况和每天完成工作任务情况;善于多角度思考问题,能主动发现、提出有价值的问题				15	
思维状态	是否能发现问题、提出问题、分析问题、解决问题				10	
自评反馈	按时按质完成工作任务;较好地掌握专业知识点;具有较强的信息分析能力和理解能力;具有较为全面严谨的思维能力并能条理清晰地表述成文				25	
自评分数						
有益的经验和做法						
总结反思建议						

表 5-2-5　小组评价表

序号	评价项目	分值	小组评价					平均值
1	任务是否按时完成	20						
2	材料完成上交情况	10						
3	任务完成质量	30						
4	语言表达能力	15						
5	小组成员合作面貌	15						
6	创新点	10						

表 5-2-6　综合评价表

项目名称	评价内容	分值	评价分数		任务总评
			自评	师评	
职业素养考核项目 40%	穿戴规范、整洁	6			
	安全意识,责任意识,服从意识	6			
	积极参加教学活动,按时完成学生工作活页规定的任务	10			
	团队合作,与人交流能力	6			
	劳动纪律	6			
	生产现场管理 6S 标准	6			
专业核心能力考核项目 60%	专业知识查找及时、准确	12			
	操作符合规范	18			
	操作熟练度,工作效率	12			
	完工质量	18			

注:评价档次统一采用 A(优秀)、B(良好)、C(合格)、D(努力)4 个。

专项
技能
模块

项目六

船用电机的维护与管理

任务一　三相异步电动机的维护与管理

学习情境描述

1.任务引入

三相异步电动机具有结构简单、坚固耐用、维修方便、运行可靠、价格低廉等优点，是船舶上最常用和数量最多的电气设备之一。轮机员在维护保养交流电动机时，经常需要拆装交流电动机，因此掌握交流电动机拆装方法，是每个轮机员所必须具备的基本技能。船用三相异步电动机的维护与保养是要保证船舶电动机始终处于良好的工作状态，维护和保养的内容要视电动机实际工作情况而定，一般分为日常维护保养和定期维护保养。

2.关键知识点

三相异步电动机的基本结构；三相异步电机的工作原理；三相异步电动机的拆卸与装配方法。

3.关键技能点

三相异步电动机的拆卸与装配。

学习目标

1.知识目标

(1)掌握三相异步电动机的基本结构；

(2)掌握三相异步电动机的工作原理；(重点)

(3)掌握三相异步电动机的拆卸与装配方法。(重点)

2.技能目标

(1)能够熟记安全用电常识；

（2）能够选择合适的拆装工具；

（3）能够对三相异步电动机进行拆卸与装配。

3.素质目标

（1）培养学生的安全规范操作意识；

（2）培养学生的团队协作、互助意识；

（3）培养学生的独立思考、探索创新精神。

📖 任务书

能够对三相异步电动机进行正确的拆卸与装配。

👥 任务分组

学生任务分配如表6-1-1所示。

表6-1-1　学生任务分配表

班级			组号		指导教师	
组长			学号			
组员	姓名		学号		任务	
	姓名		学号		任务	
	姓名		学号		任务	
	姓名		学号		任务	

一、 活动前准备

🔹**引导问题1：三相异步电动机的基本结构。**

图6-1-1所示为三相异步电动机结构图,查询资料完成下面填空。

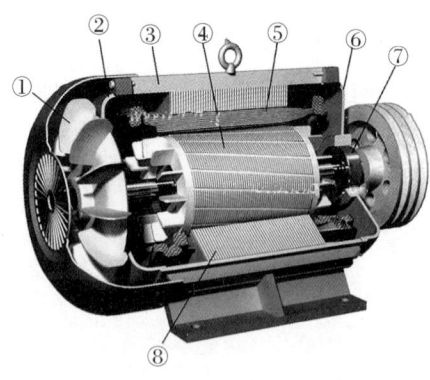

图6-1-1　三相异步电动机结构图

根据图6-1-1所示的三相异步电动机,简述指示部分(①~⑧)的名称。

①＿＿＿＿＿＿＿;②＿＿＿＿＿＿＿;

③＿＿＿＿＿＿＿;④＿＿＿＿＿＿＿;

⑤_____；⑥_____；
⑦_____；⑧_____。

引导问题2：图6-1-2所示为两种不同转子结构图，查询资料完成下面问题。

（a）鼠笼式转子

（b）绕线式转子

图6-1-2　三相异步电动机转子结构图

结合图6-1-2所示的两种转子结构图，简述两者结构上的不同。

_____

_____

_____

_____

引导问题3：三相异步电动机的工作原理。

结合图6-1-3所示三相异步电动机内部结构原理图，查询资料，简述其工作原理。

_____

_____

_____

_____

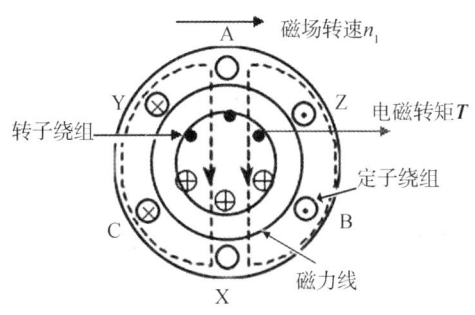

图6-1-3　三相异步电动机内部结构原理图

引导问题4：三相异步电动机的拆卸。

结合图6-1-4，查询资料，简述三相异步电动机的拆卸过程。

_____

_____

_____

_____

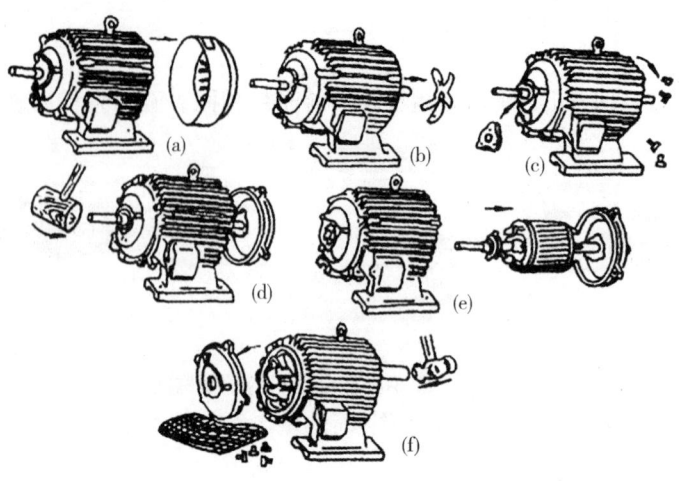

图 6-1-4　三相异步电动机拆卸的过程

引导问题 5：三相异步电动机的装配。

电动机的装配顺序按拆卸时的逆顺序进行,结合三相异步电动机拆卸过程,简述三相异步电动机的装配过程。

_____

_____

_____

引导问题 6：三相异步电动机拆装过程中的注意事项。

叙述三相异步电动机拆装过程中的注意事项。

_____

_____

_____

引导问题 7：三相异步电动机装配完工后的检查与测量。

叙述三相异步电动机装配完工后的检查与测量。

_____

_____

_____

引导问题 8：三相异步电动机的日常维护与定期维护。

叙述三相异步电动机的日常维护与定期维护工作要求。

_____

_____

_____

二、活动实施

1.制定工作方案(如表6-1-2所示)

表 6-1-2　工作方案

步骤	工作内容	负责人

2.列出仪表、工具、耗材和器材清单(如表6-1-3所示)

表 6-1-3　仪表、工具、耗材和器材清单

序号	名称	型号和规格	单位	数量	备注

3.按照本组制定的实施方案进行三相交流异步电动机的维护管理

(1)领取仪表、工具、耗材和器材;

(2)检查仪表、工具、耗材和器材;

(3)按最佳方案进行三相交流异步电动机的维护管理。

4.考核标准

(1)正确叙述三相交流异步电动机拆卸前需要完成的准备工作;

(2)正确拆卸三相交流异步电动机(10 min 内完成);

(3)正确组装三相交流异步电动机(10 min 内完成);

(4)正确叙述三相交流异步电动机装配后的检测与测量(10 min 内完成)。

三、评价反馈

各组代表展示作品,介绍任务的完成过程。作品展示前应准备阐述材料,并完成评价表 6-1-4、表 6-1-5、表 6-1-6。

表 6-1-4　学生自评表

班级		组名		日期		
评价指标	评价要素				分值	得分
信息检索	能有效利用网络资源、工作手册查找有效信息;能用自己的语言有条理地去解释、表述所学知识;能将查找的信息有效转化到工作中				10	
感知工作	能否熟悉各自的工作岗位,认同工作价值;在工作中,是否获得满足感				10	
参与状态	与教师、同学之间是否相互尊重、理解、平等;与教师、同学之间是否能够保持多向、丰富、适宜的信息交流				10	
	探究学习、自主学习不流于形式,处理好合作学习和独立思考的关系,做到有效学习,能提出有意义的问题或能发表个人见解;能按要求正确操作;能够倾听、协作、分享				10	
学习方法	工作计划、操作技能是否符合规范要求;是否获得了进一步发展的能力				10	
工作过程	遵守管理规程,操作过程符合现场管理要求;平时上课的出勤情况和每天完成工作任务情况;善于多角度思考问题,能主动发现、提出有价值的问题				15	
思维状态	是否能发现问题、提出问题、分析问题、解决问题				10	
自评反馈	按时按质完成工作任务;较好地掌握专业知识点;具有较强的信息分析能力和理解能力;具有较为全面严谨的思维能力并能条理清晰地表述成文				25	
自评分数						
有益的经验和做法						
总结反思建议						

表 6-1-5　小组评价表

序号	评价项目	分值	小组评价						平均值
1	任务是否按时完成	20							
2	材料完成上交情况	10							
3	任务完成质量	30							
4	语言表达能力	15							
5	小组成员合作面貌	15							
6	创新点	10							

表 6-1-6　综合评价表

项目名称	评价内容	分值	评价分数		任务总评
			自评	师评	
职业素养考核项目 40%	穿戴规范、整洁	6			
	安全意识,责任意识,服从意识	6			
	积极参加教学活动,按时完成学生工作活页规定的任务	10			
	团队合作,与人交流能力	6			
	劳动纪律	6			
	生产现场管理 6S 标准	6			
专业核心能力考核项目 60%	专业知识查找及时、准确	12			
	操作符合规范	18			
	操作熟练度,工作效率	12			
	完工质量	18			

注:评价档次统一采用 A(优秀)、B(良好)、C(合格)、D(努力)4 个。

任务二　电磁制动器的维护与管理

建议学时:2学时

学习情境描述

1.任务引入

电磁制动器是把电磁力转变为机械制动力矩,从而使电动机断电后迅速停转的一种电器。它的应用缩短了非生产时间,提高了生产率,使生产机械准确停止,保证了生产安全。在船舶上常采用这种控制方式,例如起货机、锚机等。

2.关键知识点

电磁制动器制动原理、电磁制动器调整时的注意事项。

3.关键技能点

电磁制动器间隙的调整。

学习目标

1.知识目标

(1)掌握电磁制动器制动原理;(重点)

(2)掌握电磁制动器调整时注意事项;

(3)掌握电磁制动器间隙调整方法。(重点)

2.技能目标

(1)能够正确完成电磁制动器的拆装;

(2)能够熟练使用电磁制动器间隙调整工具;

(3)能够熟练调整电磁制动器的间隙。

3.素质目标

(1)培养学生的安全规范操作意识;

(2)培养学生的团队协作、互助意识;

(3)培养学生的独立思考、探索创新精神。

任务书

学会电磁制动器间隙调整方法。

任务分组

学生任务分配如表6-2-1所示。

表6-2-1　学生任务分配表

班级			组号		指导 教师	
组长			学号			
组员	姓名		学号		任务	
	姓名		学号		任务	
	姓名		学号		任务	
	姓名		学号		任务	

一、 活动前准备

引导问题1:了解电磁制动器的结构。

图6-2-1所示为电磁制动器的典型结构,查询资料完成下面填空。

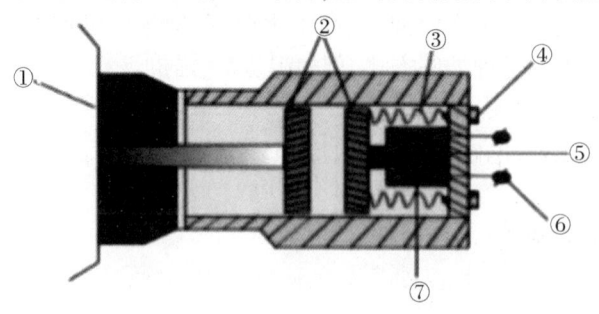

图6-2-1　电磁制动器的典型结构

根据图6-2-1所示的电磁制动器,简述指示部分(①~⑦)的名称。

●引导问题2：了解电磁制动器的工作原理。

结合图6-2-2所示电磁制动器工作状态结构示意图,写出电磁制动器的工作原理。

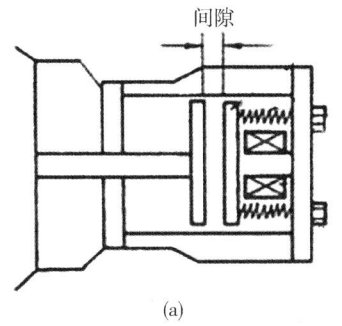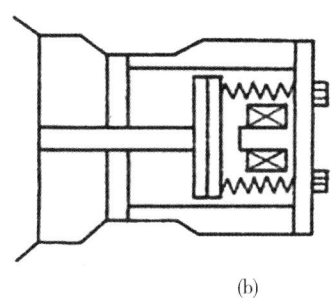

图 6-2-2　电磁制动器工作状态结构示意图

●引导问题3：调整电磁制动器间隙所需工具。

叙述电磁制动器间隙调整需要准备哪些工具。

●引导问题4：电磁制动器间隙的调整。

叙述电磁制动器间隙的调整过程。

●引导问题5：简述电磁制动器间隙调整的注意事项。

二、活动实施

1.制定工作方案(如表6-2-2所示)

表6-2-2　工作方案

步骤	工作内容	负责人

2.列出仪表、工具、耗材和器材清单(如表6-2-3所示)

表6-2-3　仪表、工具、耗材和器材清单

序号	名称	型号和规格	单位	数量	备注

3.按照本组制定的实施方案进行电磁制动器间隙调整

(1)领取仪表、工具、耗材和器材;

(2)测量仪表、工具、耗材和器材;

(3)按最佳方案进行电磁制动器间隙调整。

4.考核标准

(1)正确叙述电磁制动器间隙调整前需要完成的准备工作;

(2)正确进行电磁制动器间隙的调整(10 min 内完成)。

三、评价反馈

各组代表展示作品,介绍任务的完成过程。作品展示前应准备阐述材料,并完成评价表6-2-4、表6-2-5、表6-2-6。

表 6-2-4　学生自评表

班级		组名		日期		
评价指标	评价要素				分值	得分
信息检索	能有效利用网络资源、工作手册查找有效信息;能用自己的语言有条理地去解释、表述所学知识;能将查找的信息有效转化到工作中				10	
感知工作	能否熟悉各自的工作岗位,认同工作价值;在工作中,是否获得满足感				10	
参与状态	与教师、同学之间是否相互尊重、理解、平等;与教师、同学之间是否能够保持多向、丰富、适宜的信息交流				10	
	探究学习、自主学习不流于形式,处理好合作学习和独立思考的关系,做到有效学习;能提出有意义的问题或能发表个人见解;能按要求正确操作;能够倾听、协作、分享				10	
学习方法	工作计划、操作技能是否符合规范要求;是否获得了进一步发展的能力				10	
工作过程	遵守管理规程,操作过程符合现场管理要求;平时上课的出勤情况和每天完成工作任务情况;善于多角度思考问题,能主动发现、提出有价值的问题				15	
思维状态	是否能发现问题、提出问题、分析问题、解决问题				10	
自评反馈	按时按质完成工作任务;较好地掌握专业知识点;具有较强的信息分析能力和理解能力;具有较为全面严谨的思维能力并能条理清晰地表述成文				25	
自评分数						
有益的经验和做法						
总结反思建议						

表 6-2-5　小组评价表

序号	评价项目	分值	小组评价					平均值
1	任务是否按时完成	20						
2	材料完成上交情况	10						
3	任务完成质量	30						
4	语言表达能力	15						
5	小组成员合作面貌	15						
6	创新点	10						

表 6-2-6　综合评价表

项目名称	评价内容	分值	评价分数		任务总评
			自评	师评	
职业素养考核项目 40%	穿戴规范、整洁	6			
	安全意识,责任意识,服从意识	6			
	积极参加教学活动,按时完成学生工作活页规定的任务	10			
	团队合作,与人交流能力	6			
	劳动纪律	6			
	生产现场管理 6S 标准	6			
专业核心能力考核项目 60%	专业知识查找及时、准确	12			
	操作符合规范	18			
	操作熟练度,工作效率	12			
	完工质量	18			

 注:评价档次统一采用 A(优秀)、B(良好)、C(合格)、D(努力)4 个。

项目七

电力拖动控制系统的维护与管理

任务一 常用电器元件的认知与管理

建议学时：4学时

🖥 学习情境描述

1.任务引入

船舶电力拖动系统需要用到各种类型的电器元件来完成预定任务,例如接通或断开电路、执行保护等,以达到自动调节、安全保护、转换电路等作用。因此认识常用电器元件是船舶电气设备管理技术人员必备的知识和技能。

2.关键知识点

常用开关电器、接触器、继电器的结构与功能。

3.关键技能点

刀闸开关、按钮开关、行程开关、接触器的认识、继电器的整定。

🔧 学习目标

1.知识目标

(1)掌握刀闸开关的电气符号、结构与功能;(重点)

(2)了解行程开关的电气符号、结构与功能;

(3)掌握接触器的电气符号、结构与功能;(重点)

(4)掌握各类型继电器的电气符号、结构与功能。(重点)

2.技能目标

(1)能够对刀闸开关进行选择与安装;

(2)能够对行程开关进行选择、保养与参数整定;

(3)能够对接触器进行选择与安装;

(4)能够根据需要选择常见继电器的型号规格进行安装并调整设定值。

3.素质目标

(1)培养学生的安全规范操作意识;

(2)培养学生的团队协作、互助意识;

(3)培养学生的独立思考、探索创新精神。

📖 任务书

能够认识常用电器元件,能够对继电器进行整定。

👥 任务分组

学生任务分配如表 7-1-1 所示。

表 7-1-1　学生任务分配表

班级		组号		指导	
组长		学号		教师	
组员	姓名		学号		任务
	姓名		学号		任务
	姓名		学号		任务
	姓名		学号		任务

学习活动一　常用低压电器的认知与管理

一、活动前准备

🔷 **引导问题 1:了解刀开关——开启式负荷开关。**

刀开关又称闸刀开关或隔离开关,它是手动控制电器中最简单而且使用较为广泛的一种低压电器。其作用是隔离电源,以确保电路和设备维修的安全;或作为不频繁地接通和分断额定电流以下的负载使用,例如不频繁地接通和分断容量不大的低压电路或直接启动小容量电动机。刀开关处于断开位置时,能确保电路检修人员的安全。常用的刀开关有 HD 型单投刀开关、HS 型双投刀开关(刀形转换开关)、HR 型熔断器式刀开关、HZ 型组合开关、HK 型闸刀开关、HY 型倒顺开关和 HH 型铁壳开关等。

图 7-1-1 为 HK 系列开启式负荷开关的外形及内部结构示意图,查询资料,完成下面填空。

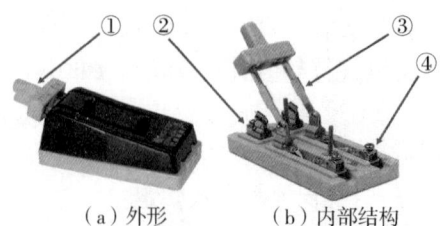

（a）外形　　（b）内部结构

图 7-1-1　HK 系列开启式负荷开关的外形及内部结构示意图

（1）写出图中①～④的结构名称及作用。

_____

_____

_____

（2）写出 HK 系列开启式负荷开关（刀开关）的文字符号及电气图形符号。

_____

_____

_____

（3）写出 HK1-35/3-0 开启式负荷开关的型号含义。

_____

_____

_____

小提示：用开启式负荷开关控制电动机直接启动和停止时应注意以下事项。

①HK 系统刀开关直接控制的电动机电路功率应小于 5.5 kW。原因：没有灭弧装置。

②不宜用于操作频繁的电路。原因：动触头和静插座易被电弧灼伤，从而引起接触不良。

③将开关的熔体部分用铜导线直连，并在出线端另外加装熔断器作为短路保护。原因：开启式负荷开关的熔体部分没有熔管保护，控制电动机时安全性差。由于三相异步电动机的启动电流大于其额定电流，因此选用低压开关控制。

引导问题 2：了解低压断路器。

低压断路器又称空气开关（多用于 400 V 及以下电压），可用来接通和分断负载电路，并具有过载、短路、欠电压等多种保护功能。它是低压配电网中一种重要的开关保护电器，目前被广泛应用于低压发电机及各干线或大型电动机的非频繁操作回路中等场合。

图 7-1-2、图 7-1-3 所示为常见的空气开关外形和内部结构图。

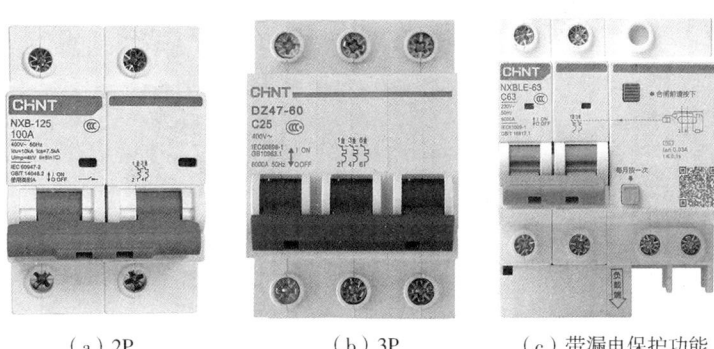

（a）2P　　　　（b）3P　　　　（c）带漏电保护功能

图 7-1-2　常见的空气开关外形图

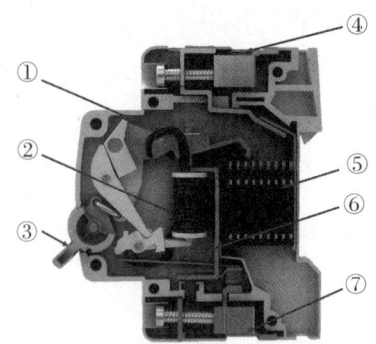

图 7-1-3　常见空气开关的内部结构图

（1）写出图 7-1-3 中①~⑦的名称及作用。

_____

_____

（2）写出空气开关的文字符号及电气图形符号。

_____

_____

（3）写出 HK1-35/3-0 空气开关的型号含义。

_____

_____

■ 引导问题3：了解组合开关。

组合开关又称转换开关，控制容量比较小，结构紧凑，常用于空间比较狭小的场所，例如机床和配电箱等。其一般用于电气设备的非频繁操作、切换电源和负载以及控制小容量感应电动机和小型电器。图 7-1-4 所示为组合开关的外形及结构示意图。

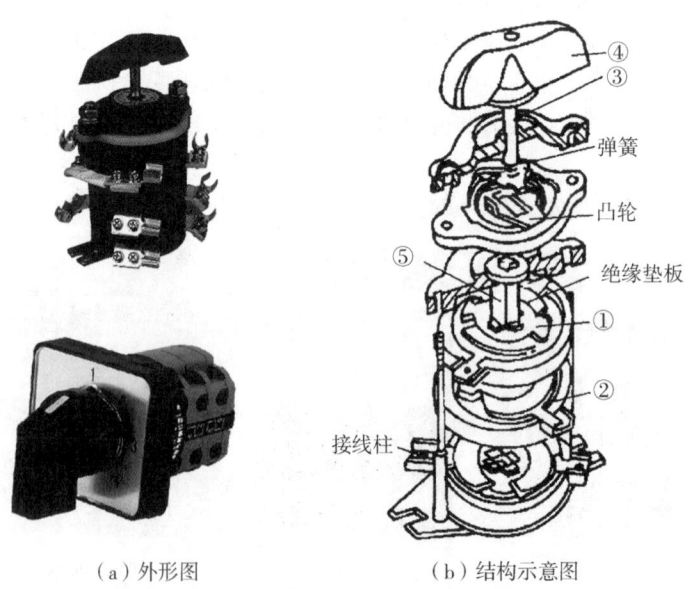

（a）外形图　　　　　　（b）结构示意图

图 7-1-4　组合开关的外形及结构示意图

（1）组合开关的结构。组合开关由①_____、②_____、③_____、④_____、⑤_____、定位机构以及外壳等部分组成。其动、静触头分别叠装于数层绝缘壳内,当转动手柄时,每层的动触片随转轴一起转动,以改变各对触头的通断状态。

（2）写出组合开关的文字符号及电气图形符号。

_____

_____

（3）写出下列组合开关的型号含义。

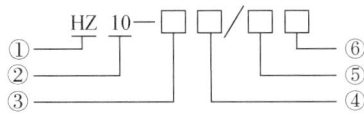

_____

_____

◆引导问题4：了解按钮开关。

按钮开关是指利用按钮推动传动机构,使动触点与静触点按通或断开并实现电路换接的开关。按钮开关是一种结构简单,应用十分广泛的主令电器,在电气自动控制电路中,用于手动发出控制信号以控制接触器、继电器、电磁起动器等。图 7-1-5 所示为按钮开关的外形图。

图 7-1-5　按钮开关的外形图

（1）按钮开关的内部结构与工作原理。

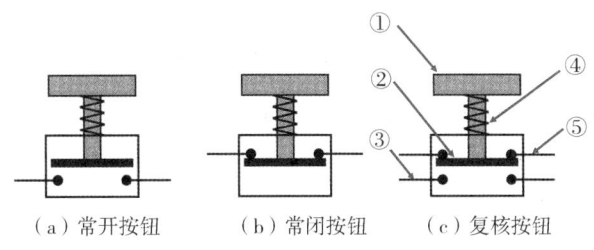

（a）常开按钮　　（b）常闭按钮　　（c）复核按钮

图 7-1-6　按钮开关结构示意图

如图 7-1-6 所示,按钮开关一般由①_____、②_____、③_____、④_____、⑤_____等组成,通常做成复合式。在按钮未按下时,动触头与上面的静触头是接通的,这对触头称为_____触头。此时,动触头与下面的静触头是断开的,这对触头称为_____触头。按下按钮,常闭触头断开,常开触头闭合;松开按钮,在复位弹簧的作用下恢复原来的工作状态。

(2)写出按钮开关的文字符号及电气图形符号。

_____

_____

(3)写出型号 DZ47-63/3P 按钮开关的含义。

_____

_____

(4)按钮开关的选用原则有哪些?

_____

_____

_____

◆引导问题 5:了解行程开关。

行程开关,又称限位开关,是一种常用的小电流主令电器。利用生产机械运动部件的碰撞使其触头动作来实现接通或分断控制电路,达到一定的控制目的。通常,这类开关被用来限制机械运动的位置或行程,使运动机械按一定位置或行程自动停止、反向运动、变速运动或自动往返运动等。图 7-1-7 所示为行程开关的外形图。

(a)直动式 　　　　　　　　　　　(b)滚轮式

图 7-1-7　行程开关的外形图

(1)写出行程开关的文字符号及电气图形符号。

_____

_____

(2)行程开关的选用原则有哪些?

_____

_____

_____

◆引导问题 6:了解低压电器——接触器。

对于大容量的电动机或负载,或操作频繁的电路,或需要远距离操作和自动控制时,手动电器显然不能满足要求,必须采用自动电器。接触器是一种自动控制电器,可用来频繁地接通和断开主电路(作用于被控对象,例如电动机的电路,可通过大电流),并具有低电压释放保护功能,能远距离控制。

接触器是电力拖动自动控制系统中应用最广泛的电器。按其线圈通过电流种类不同,接触器分为交流接触器和直流接触器,如图 7-1-8 所示。

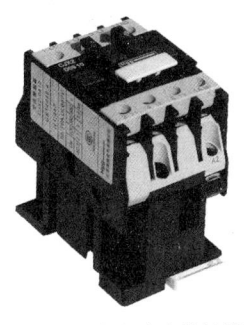

（a）交流接触器　　　　　　　（b）直流接触器

图 7-1-8　接触器外形图

（1）写出接触器的文字符号及电气图形符号。

_____

_____

_____

_____

（2）接触器的内部结构。图 7-1-9 为交流接触器的内部结构示意图,查询资料,将下列元器件名称填到图 7-1-9 对应标号处:

动触头、静触头、动衔铁、静衔铁、复位弹簧、电磁线圈、触头弹簧、灭弧罩。

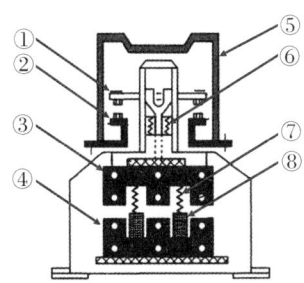

图 7-1-9　交流接触器的结构示意图

（3）结合图 7-1-9,叙述交流接触器的工作原理。

_____

_____

_____

_____

（4）图 7-1-10 为交流接触器外形图,结合该图,填写下面符号所代表的含义。

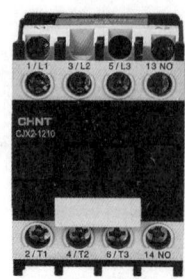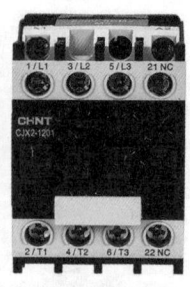

图 7-1-10　交流接触器外形图

CJX2-1201 _____;CJX2-1210 _____;
L1、L2、L3 _____;T1、T2、T3 _____;
13N0、14N0 _____;21NC、22NC _____;
A1、A2 _____;220 V50 Hz M5 _____。

（5）图 7-1-11 为交流接触器的铭牌,结合该图,叙述其铭牌上各数据代表的含义。

图 7-1-11　交流接触器的铭牌

_____

_____

_____

_____

（6）交流接触器选用原则有哪些?

_____

_____

_____

_____

🔷引导问题 7：了解低压电器——熔断器。

熔断器广泛应用于高低压配电系统和控制系统以及用电设备中,作为短路和过电流的保护电器。当流过其电流超过规定值时,以本身产生的热量使熔体熔断,从而断开电路。图 7-1-12 所示为各种类型的熔断器。

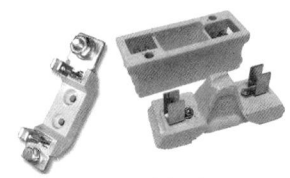

（a）卡轨式　　　　　（b）螺旋式　　　　　（c）有填料式　　　　　（d）瓷插式

图 7-1-12　各种类型的熔断器

（1）写出熔断器的文字符号及电气图形符号。

_____

_____

（2）写出熔断器型号 RT2-15/20 所代表的含义。

_____

_____

_____

（3）熔断器选用原则有哪些？

_____

_____

_____

_____

（4）日常维护保养熔断器有哪些注意事项？

_____

_____

_____

_____

_____

二、活动实施

1.制定工作方案（如表 7-1-2 所示）

表 7-1-2　工作方案

步骤	工作内容	负责人

2.列出仪表、工具、耗材和器材清单(如表7-1-3所示)

表7-1-3　仪表、工具、耗材和器材清单

序号	名称	型号和规格	单位	数量	备注

3.按照本组制定的实施方案进行常用低压电器的认知与管理

(1)领取仪表、工具、耗材和器材;

(2)检查仪表、工具、耗材和器材;

(3)按最佳方案进行低压电器的认知与管理。

4.考核标准

(1)根据考评员的指令,在配电箱中正确识别电器元件(2 min 内完成);

(2)正确画出给定电器元件的电气符号和图形符号(2 min 内完成);

(3)正确说出给定电器元件的结构与工作原理(选做项)。

三、评价反馈

各组代表展示作品,介绍任务的完成过程。作品展示前应准备阐述材料,并完成评价表 7-1-4、表 7-1-5、表 7-1-6。

表7-1-4　学生自评表

班级		组名		日期		
评价指标		评价要素			分值	得分
信息检索		能有效利用网络资源、工作手册查找有效信息;能用自己的语言有条理地去解释、表述所学知识;能将查找的信息有效转化到工作中			10	
感知工作		能否熟悉各自的工作岗位,认同工作价值;在工作中,是否获得满足感			10	
参与状态		与教师、同学之间是否相互尊重、理解、平等;与教师、同学之间是否能够保持多向、丰富、适宜的信息交流			10	
		探究学习、自主学习不流于形式,处理好合作学习和独立思考的关系,做到有效学习;能提出有意义的问题或能发表个人见解;能按要求正确操作;能够倾听、协作、分享			10	
学习方法		工作计划、操作技能是否符合规范要求;是否获得了进一步发展的能力			10	

续表

工作过程	遵守管理规程,操作过程符合现场管理要求;平时上课的出勤情况和每天完成工作任务情况;善于多角度思考问题,能主动发现、提出有价值的问题	15	
思维状态	是否能发现问题、提出问题、分析问题、解决问题	10	
自评反馈	按时按质完成工作任务;较好地掌握专业知识点;具有较强的信息分析能力和理解能力;具有较为全面严谨的思维能力并能条理清晰地表述成文	25	
自评分数			
有益的经验和做法			
总结反思建议			

表 7-1-5　小组评价表

序号	评价项目	分值	小组评价	平均值
1	任务是否按时完成	20		
2	材料完成上交情况	10		
3	任务完成质量	30		
4	语言表达能力	15		
5	小组成员合作面貌	15		
6	创新点	10		

表 7-1-6　综合评价表

项目名称	评价内容	分值	评价分数		任务总评
			自评	师评	
职业素养考核项目40%	穿戴规范、整洁	6			
	安全意识,责任意识,服从意识	6			
	积极参加教学活动,按时完成学生工作活页规定的任务	10			
	团队合作,与人交流能力	6			
	劳动纪律	6			
	生产现场管理6S标准	6			
专业核心能力考核项目60%	专业知识查找及时、准确	12			
	操作符合规范	18			
	操作熟练度,工作效率	12			
	完工质量	18			

注:评价档次统一采用 A(优秀)、B(良好)、C(合格)、D(努力)4 个。

学习活动二　常用继电器的使用与整定

一、**活动前准备**

🔲**引导问题1：了解热继电器。**

热继电器是用于电动机或其他电气设备、电气线路的过载保护的保护电器。其原理是工作电流流经热继电器的热元件而产生热量，使有不同热膨胀系数的双金属片发生形变，当形变达到一定距离时，就推动连杆动作，使控制电路断开，从而使接触器失电，主电路断开，实现电动机的过载保护。

(1)写出热继电器的电气符号并画出其图形符号。

_____

(2)写出JR36-30/L/D热继电器型号含义。

_____

_____

(3)根据图7-1-13所示的热继电器,简述指示部分(①~⑥)的名称及作用。

①_____;②_____;

③_____;④_____;

⑤_____;⑥_____。

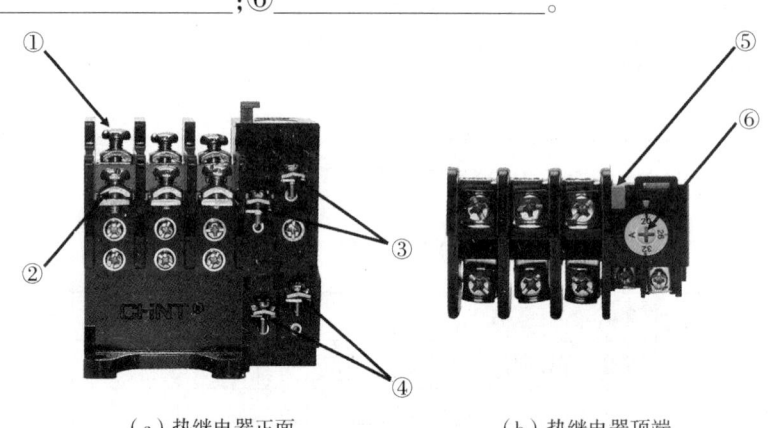

（a）热继电器正面　　　　　　　（b）热继电器顶端

图7-1-13　JR36型热继电器外形图

(4)热继电器的内部结构。

查询资料,将下列元器件名称分别填写至图7-1-14热继电器内部结构原理图的对应序号(①~⑨)旁:

双金属片、静触点(螺钉)、导板、偏心凸轮、复位按钮、发热元件、杠杆、动触点、静触点。

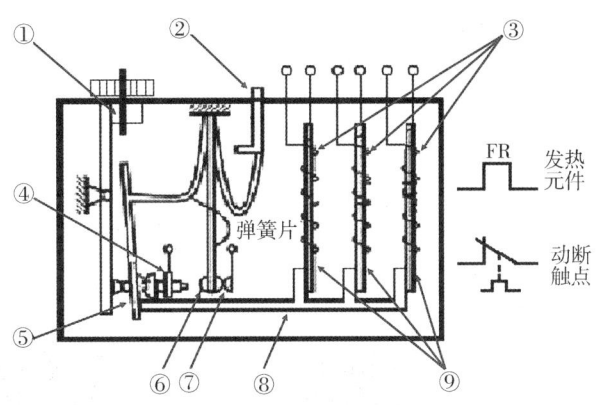

图 7-1-14　热继电器内部结构原理图

（5）热继电器的工作原理。

过载保护：

电动机正常运行时，＿＿＿＿＿产生的热量虽能使＿＿＿＿＿弯曲，但不足以使热继电器动作，只有当电动机过载时，＿＿＿＿＿产生大量热量使＿＿＿＿＿弯曲位移增大，从而推动＿＿＿＿＿左移，通过＿＿＿＿＿将＿＿＿＿＿和＿＿＿＿＿分开，一旦两触头分开，就使热继电器的动断触点与串联的接触器线圈断电，进而切断电动机的电源，使电动机获得保护。

手动复位：

当电动机过载后，常闭触点断开，电动机停止，热继电器＿＿＿＿＿恢复原状，而＿＿＿＿＿不能复位，必须按动＿＿＿＿＿后触点方能复位。

热继电器动作值的整定：

用十字螺丝刀旋转整定旋钮调节＿＿＿＿＿，进而控制＿＿＿＿＿与＿＿＿＿＿的距离，进而调节过载电流动作值的大小。当两者距离越大时，过载电流动作值＿＿＿＿＿，反之＿＿＿＿＿。

一般情况下，应按电动机额定电流来选择热继电器。

热元件的额定电流应为电动机额定电流的＿＿＿＿＿倍。

热继电器整定值一般为电动机额定电流的＿＿＿＿＿倍。

对于允许长期过载工作的电动机，当电动机长期过载超过＿＿＿＿＿时，热继电器应可靠动作，且热继电器的动作时间应大于电动机长期允许过载及启动的时间，整定值一般取电动机额定电流的＿＿＿＿＿倍。

（6）在日常管理中，热继电器的运行检查中需要注意哪些事项？

_____

_____

_____

（7）更换热继电器时需要注意哪些事项？

_____

_____

_____

◆引导问题 2：了解时间继电器。

时间继电器是一种利用电磁原理或机械动作原理来延迟触头闭合或分断的自动控制电器。根据其延时方式的不同，时间继电器又可分为通电延时型和断电延时型两种。随着电子技术的发展，电子式时间继电器在时间继电器中已成为主流产品，采用大规模集成电路技术的电子智能式数字显示时间继电器，具有多种工作模式，不但可以实现长延时，而且延时精度高、体积小、调节方便、使用寿命长，使得控制系统更加简单可靠。

图 7-1-15 所示为 JSZ3 型时间继电器。查询相关资料完成下面填空。

（a）时间继电器前面　　　　（b）时间继电器后面　　　　（c）时间继电器底座

图 7-1-15　JSZ3 型时间继电器

（1）时间继电器的电气符号是_____，其图形符号是_____。

（2）时间继电器型号为 JSZ3F-5M-AC220 V，其含义是

_____

（3）结合图 7-1-16 JSZ3 型时间继电器侧面接线图与底座示意图，叙述时间继电器各接线端子的意义以及如何接线。

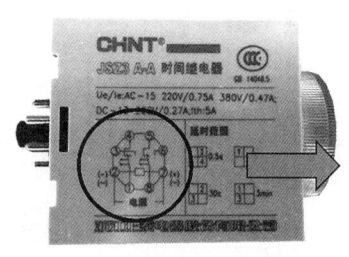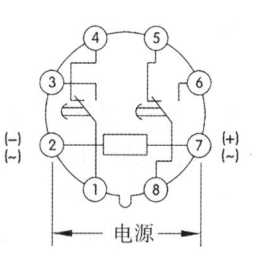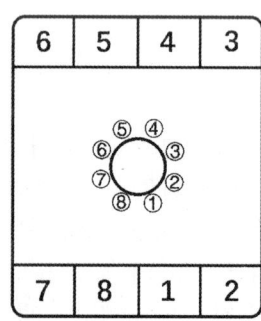

（a）侧面接线图　　　　　　　　　　　（b）底座示意图

图 7-1-16　JSZ3 型时间继电器侧面接线图与底座示意图

_____

_____

_____

（4）完成 A、B 两延时控制灯的设计，要求 A 灯通电延时灭，B 灯通电延时开，按此设计要求完善下图。

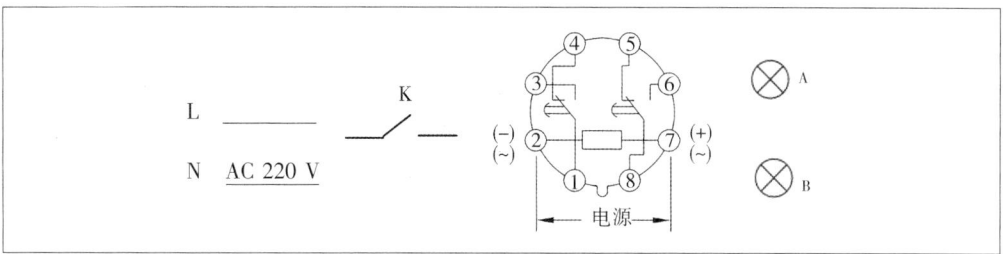

（5）图 7-1-17 为 JSZ3-A 型时间继电器的外形图,叙述如何设定时间继电器的延时。

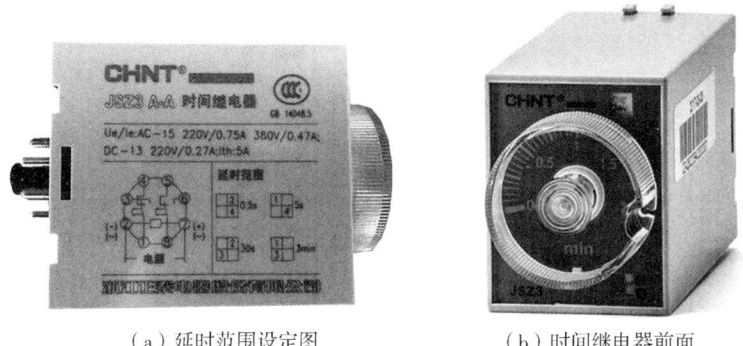

（a）延时范围设定图   （b）时间继电器前面

图 7-1-17   JSZ3-A 型时间继电器的外形图

（6）图 7-1-18 中给出了 4 个延时设定值,请在对应设定框内打钩,并画出旋钮指针正确的指示位置。

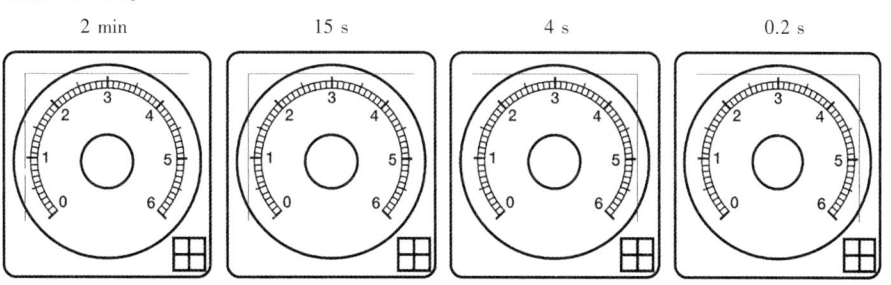

图 7-1-18   JSZ3-A 型时间继电器延时设定练习图

🔲**引导问题 3：了解压力继电器。**

压力继电器是利用液体(或气体)的压力来启闭电气触点的非电量电气转换元件。当系统压力达到压力继电器的设定值时,发出电信号,使电器元件(如电磁铁、电机、时间继电器、电磁离合器等)动作,起到控制或安全保护作用等。目前船舶上应用较为广泛的是 YWK50-C 型压力继电器。

（1）图 7-1-19 所示为 YWK50-C 型压力继电器。查询资料写出压力继电器各结构名称及作用。

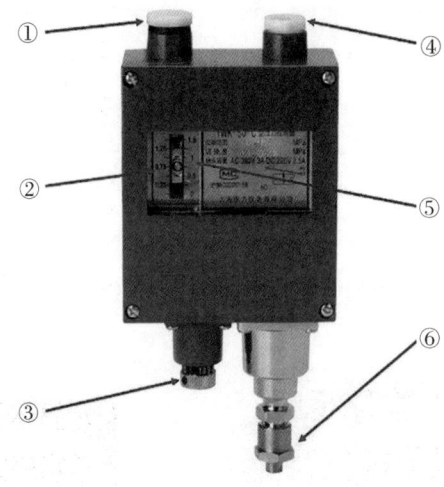

图 7-1-19　YWK50-C 型压力继电器

①_____；②_____；

③_____；④_____；

⑤_____；⑥_____。

（2）压力继电器的电气符号是_____，其图形符号是_____。

（3）结合图 7-1-20 YWK50-C 型压力继电器结构原理图，叙述其工作原理。

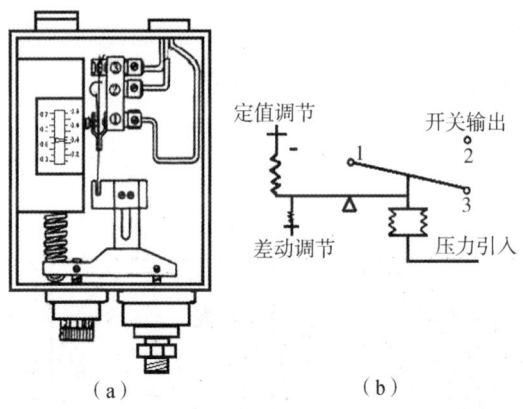

（a）　　　　　　　　（b）

图 7-1-20　YWK50-C 型压力继电器结构原理图

_____

_____

_____

（4）叙述如何调整压力继电器的动作值。

_____

_____

_____

_____

二、活动实施

1.制定工作方案(如表7-1-7所示)

表 7-1-7　工作方案

步骤	工作内容	负责人

2.列出仪表、工具、耗材和器材清单(如表7-1-8所示)

表 7-1-8　仪表、工具、耗材和器材清单

序号	名称	型号和规格	单位	数量	备注

3.按照本组制定的实施方案进行继电器参数整定与试验

(1)领取仪表、工具、耗材和器材;

(2)检查仪表、工具、耗材和器材;

(3)按最佳方案进行整定与试验。

4.考核标准

(1)按给定的电动机功率,完成热继电器动作电流的整定,且误差小于10%(5 min内完成);

(2)按给定的延时值,完成时间继电器延时的设定,且误差小于10%(2 min内完成);

(3)按给定的动作值,完成压力继电器设定值与幅差值设定,且误差小于10%(5 min内完成)。

三、评价反馈

各组代表展示作品,介绍任务的完成过程。作品展示前应准备阐述材料,并完成评

价表7-1-9、表7-1-10、表7-1-11。

表7-1-9　学生自评表

班级		组名		日期		
评价指标		评价要素			分值	得分
信息检索	能有效利用网络资源、工作手册查找有效信息;能用自己的语言有条理地去解释、表述所学知识;能将查找的信息有效转化到工作中				10	
感知工作	能否熟悉各自的工作岗位,认同工作价值;在工作中,是否获得满足感				10	
参与状态	与教师、同学之间是否相互尊重、理解、平等;与教师、同学之间是否能够保持多向、丰富、适宜的信息交流				10	
	探究学习、自主学习不流于形式,处理好合作学习和独立思考的关系,做到有效学习;能提出有意义的问题或能发表个人见解;能按要求正确操作;能够倾听、协作、分享				10	
学习方法	工作计划、操作技能是否符合规范要求;是否获得了进一步发展的能力				10	
工作过程	遵守管理规程,操作过程符合现场管理要求;平时上课的出勤情况和每天完成工作任务情况;善于多角度思考问题,能主动发现、提出有价值的问题				15	
思维状态	是否能发现问题、提出问题、分析问题、解决问题				10	
自评反馈	按时按质完成工作任务;较好地掌握专业知识点;具有较强的信息分析能力和理解能力;具有较为全面严谨的思维能力并能条理清晰地表述成文				25	
自评分数						
有益的经验和做法						
总结反思建议						

表7-1-10　小组评价表

序号	评价项目	分值	小组评价				平均值
1	任务是否按时完成	20					
2	材料完成上交情况	10					
3	任务完成质量	30					
4	语言表达能力	15					
5	小组成员合作面貌	15					
6	创新点	10					

表 7-1-11 综合评价表

项目名称	评价内容	分值	评价分数		任务总评
			自评	师评	
职业素养考核项目 40%	穿戴规范、整洁	6			
	安全意识、责任意识、服从意识	6			
	积极参加教学活动,按时完成学生工作活页规定的任务	10			
	团队合作,与人交流能力	6			
	劳动纪律	6			
	生产现场管理 6S 标准	6			
专业核心能力考核项目 60%	专业知识查找及时、准确	12			
	操作符合规范	18			
	操作熟练度、工作效率	12			
	完工质量	18			

注:评价档次统一采用 A(优秀)、B(良好)、C(合格)、D(努力)4 个。

任务二 识读电气图纸

建议学时:2学时

学习情境描述

1.任务引入

电气图纸是电工人员的通用语言,它是由许多电器元件按一定要求连接而成的,用来表示机床、各类生产机械电气控制电路的结构、工作过程,方便操作者对电路的安装、调试、使用和维修。因此,专业人员会识读各类电气图,并掌握识读电气图的基本知识。

2.关键知识点

电气原理图、电气接线图、电气文字符号、电气表示符号。

3.关键技能点

电气原理图、电气文字符号和表示符号的识读。

学习目标

1.知识目标

(1)了解电气系统简图、电气原理图、电气接线图的基本概念以及相互之间的区别;

(2)掌握电气原理图的绘制与识读原则;(重点)

(3)掌握常见电器元件的图形符号以及文字符号。(重点)

2.技能目标

(1)能够正确识读电气原理图;

(2)能够画出常见电器元件的图形符号以及文字符号;

(3)能根据电气原理图,指出各元器件在控制箱内的实际位置。

3.素质目标

(1)培养学生的安全规范操作意识;

(2)培养学生的团队协作、互助意识;

(3)培养学生的独立思考、探索创新精神。

📖 任务书

正确识读电气原理图,并能指出各电器元件在控制箱内的实际位置。

👥 任务分组

学生任务分配如表 7-2-1 所示。

表 7-2-1   学生任务分配表

班级			组号		指导教师	
组长			学号			
组员	姓名		学号		任务	
	姓名		学号		任务	
	姓名		学号		任务	
	姓名		学号		任务	

一、 活动前准备

电气图的种类很多,常见的电气图有系统图和框图、电气原理图、电气安装接线图等。通常机械设备电气部分使用电气原理图、电气安装位置图、电气接线图、功能表图、元件明细表表示。

🔧**引导问题 1：了解电气系统图和框图。**

电气系统图是用符号或带注释的框概略表示系统或分系统、成套装置或设备的基本组成、相互关系及主要特征的一种简图,如图 7-2-1 所示。

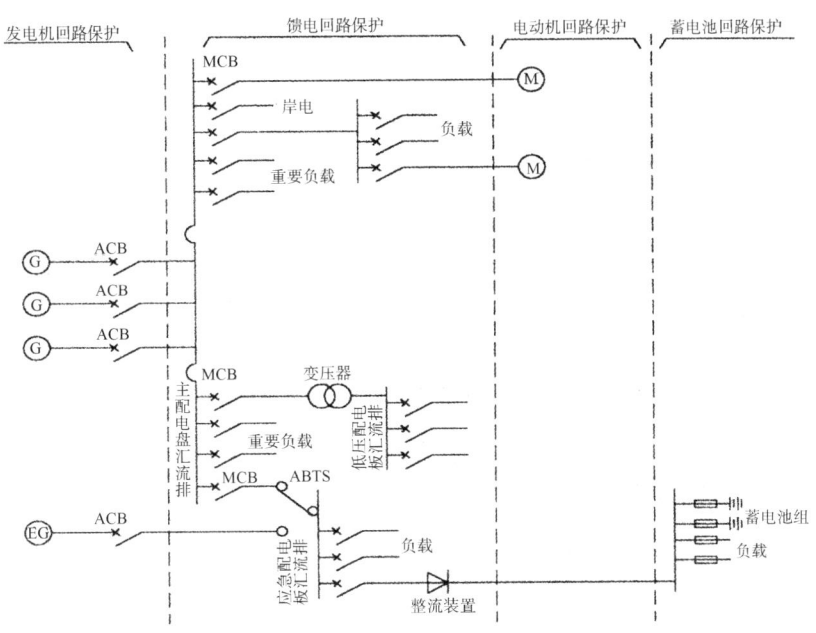

图 7-2-1 船舶电气系统简图

电气系统图和框图的作用：

（1）可以作为进一步编制详细技术文件的依据；

（2）可以供船舶电气设备操作和维修人员参考；

（3）供有关部门了解设计对象的整体方案、简要工作原理和主要组成的概况。

引导问题2：了解电气原理图。

电气原理图是把电器元件根据国家统一规定的电气图形符号和文字符号展开的形式绘制，用来表明设备电气的工作原理及各电器元件的作用，相互之间的关系的一种表示方式。电气原理图一般由主电路、控制电路、保护电路、配电电路等几部分组成。某摇臂钻床控制电气原理图，如图7-2-2所示。

电路图是用图形符号绘制，并按表示电路、设备的基本组成和连接关系，不考虑其实际位置的一种简图。电路图的作用很大，可以帮助电工人员详细地理解电路的工作过程、控制方法，而且也是绘制电气位置图和电气接线图的依据。

电路图绘制的原则：

（1）按国际图形符号和文字符号表示电器元件，不画实际的外形图；同一电器元件画在不同的回路中，文字符号必须一致。

（2）一般按照控制电路、指示电路和照明电路的顺序依次垂直画在主电路图的右侧，且电路中与下边电源线相连的耗能元件（例如接触器线圈、指示灯、照明灯等）要在电路图的下方，而电器的触头画在耗能元件与上边电源线之间。

（3）通常将主电路和辅助电路分开，主电路用粗实线画，控制电路用细实线画。

（4）画电气原理图时，各电器的触头都按没有通电时的状态画；按钮、行程开关等主令电器按不受力作用时的状态画；控制器按手柄处于零位时的状态画。

（5）有直接连接的交叉导线的连接点，需用黑圆点" ● "表示；没有直接连接的交叉导线不用画黑圆点。

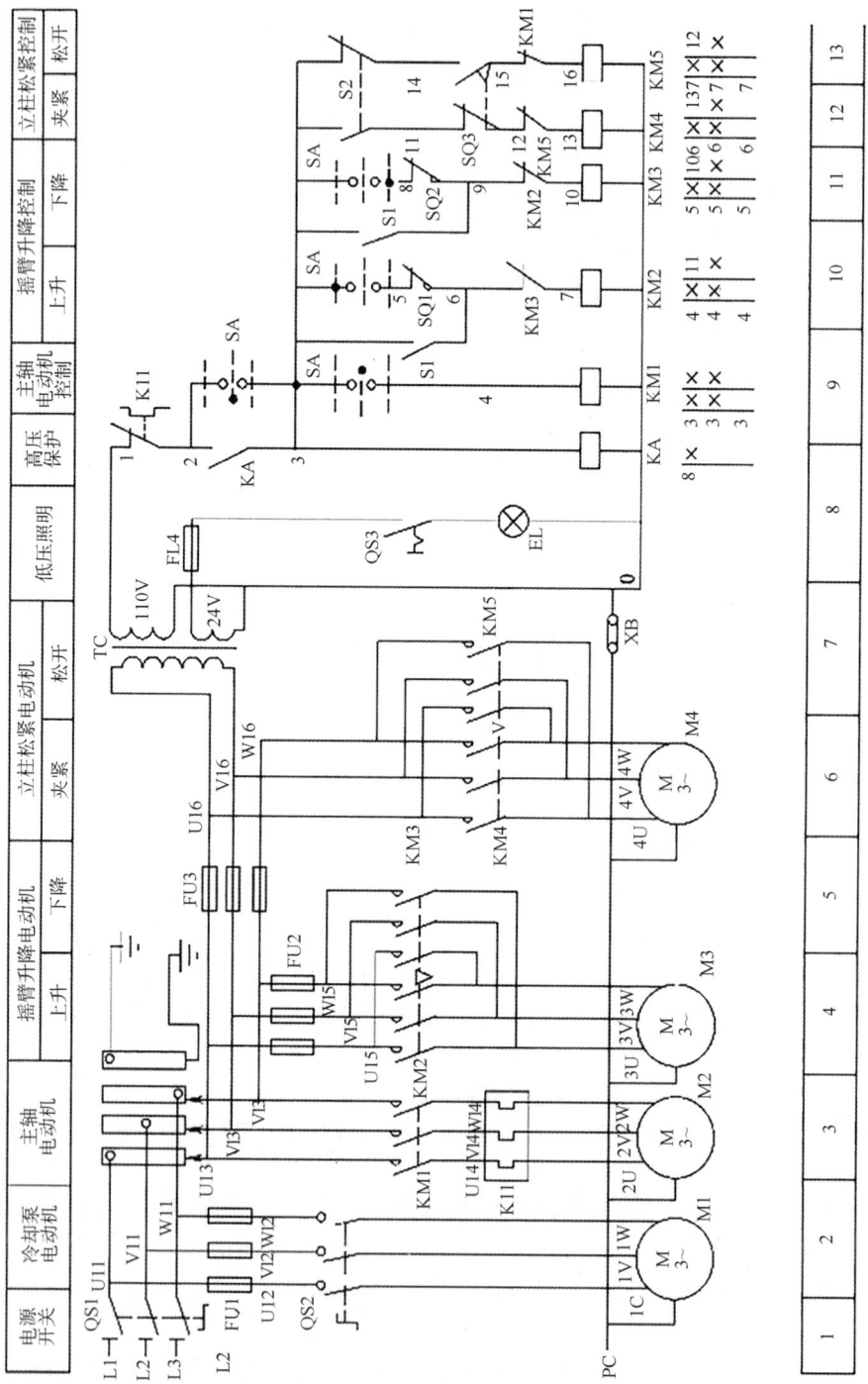

图7-2-2 某摇臂钻床控制电气原理图

引导问题 3：了解电气安装接线图。

电气安装接线图是根据电气设备和电器元件的实际位置和安装情况绘制的,只用来表示电气设备和电器元件件的位置、配线方式和连接方式,而不明显表示电气动作原理,如图 7-2-3 所示。

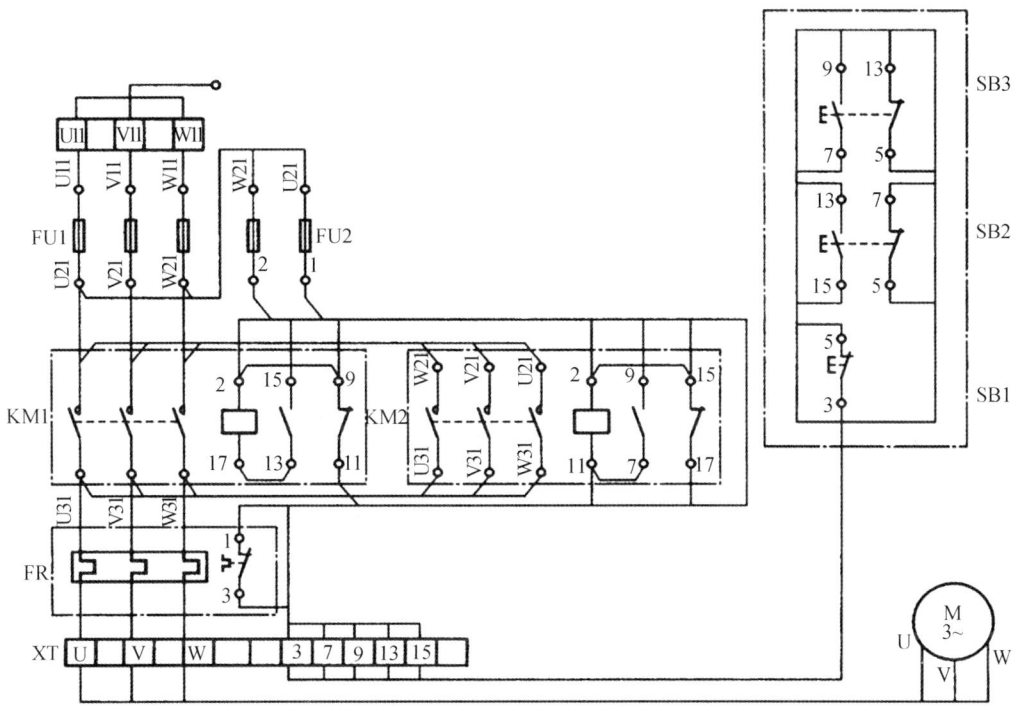

图 7-2-3　双重联锁正、反转控制安装接线图

电气安装接线图是根据电气位置布置最合理、连接导线最经济等原则来安排的,它为安装、维修电气设备提供了依据。接线图中一般表示电气设备和电器元件的相对位置、文字符号、端子号、导线编号、导线类型、导线横截面积、屏蔽等内容。

电气安装接线图具体绘制的原则如下:

(1)所有的电气设备和电器元件都按所在的其实际位置绘制在图纸上,且同一电器的各元件根据实际结构,使用与电路图相同的图形符号画在一起。其文字符号以及接线端子的编号应与电路图中的标志一致,以便对照检查接线。

(2)对电器元件凡是需要接线的位置均应画出编号,各编号应与电气原理图导线的编号一致。

(3)走向相同的相邻的导线可以绘制到一起。

(4)接线图中的导线有单根导线、导线组(或线扎)、电缆等之分,可用连续线和中断线来表示。

(5)不在同一位置的电器元件需经过接线端子。

(6)画连接导线时,应标注导线的规格、型号、根数及线管的尺寸。

引导问题 4：电气原理图的识读

电气原理图是表示电气线路工作原理的图形,只有熟练识读电气原理图,才能掌握设备正常工作状态,迅速处理电气设备出现的故障。那么如何才能正确识读电气原理图呢?首先要认识电气原理图中的符号(包括图形符号和文字符号)和作用。查询资料,完成表7-2-2内图形符号名称和符号的填写。

表 7-2-2　常见元件图形符号、文字符号一览表

类别	名称	图形符号	文字符号	类别	名称	图形符号	文字符号
开关				位置开关			
		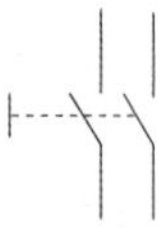					
		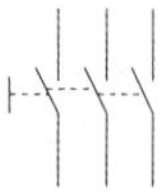					
		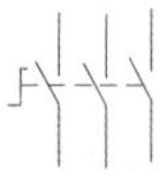		按钮			
		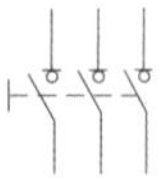					
		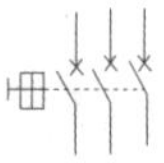					
		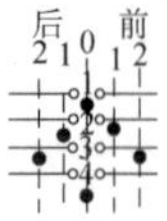					

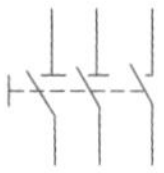

续表

接触器				热继电器			
				中间继电器			
时间继电器							
				电流继电器			
				电压继电器			
电磁操作器							
				电动机			
非电量控制的继电器			KS				
			KP	熔断器			
发电机			G	变压器			
			TG				
灯				互感器			
接插器							

识读电气图的基本步骤：

（1）阅读标题栏。通过标题栏了解电气图涉及什么内容，从电工基本原理上对电路有个初步了解。

（2）看电气图中各图形符号及文字符号。了解电气图中各组成部分，电气设备及单元的连接关系，对电路有个概括了解。

（3）分析电路图。从电源开始，继而从主电路入手，依次从左到右、从上到下逐步分析，然后按照从左到右、从上到下的原则分析控制电路。最后分析辅助电路，包括照明电路、信号电路以及报警电路。

二、活动实施

1.制定工作方案（如表7-2-3所示）

表7-2-3　工作方案

步骤	工作内容	负责人

2.列出仪表、工具、耗材和器材清单（如表7-2-4所示）

表7-2-4　仪表、工具、耗材和器材清单

序号	名称	型号和规格	单位	数量	备注

3.按照本组制定的实施方案进行电气图纸的识读

（1）领取仪表、工具、耗材和器材；

（2）检查仪表、工具、耗材和器材；

（3）按最佳方案进行电气图纸的识读。

4.考核标准

（1）完成给定的电气图纸类型分类，并说出各类型电气图纸的优缺点（2 min

内完成）；

（2）正确写出电器元件的电气符号并画出其图形符号（5 min 内完成）。

三、评价反馈

各组代表展示作品，介绍任务的完成过程。作品展示前应准备阐述材料，并完成评价表 7-2-5、表 7-2-6、表 7-2-7。

表 7-2-5　学生自评表

班级		组名		日期		
评价指标	评价要素				分值	得分
信息检索	能有效利用网络资源、工作手册查找有效信息；能用自己的语言有条理地去解释、表述所学知识；能将查找的信息有效转化到工作中				10	
感知工作	能否熟悉各自的工作岗位，认同工作价值；在工作中，是否获得满足感				10	
参与状态	与教师、同学之间是否相互尊重、理解、平等；与教师、同学之间是否能够保持多向、丰富、适宜的信息交流				10	
	探究学习、自主学习不流于形式，处理好合作学习和独立思考的关系，做到有效学习；能提出有意义的问题或能发表个人见解；能按要求正确操作；能够倾听、协作、分享				10	
学习方法	工作计划、操作技能是否符合规范要求；是否获得了进一步发展的能力				10	
工作过程	遵守管理规程，操作过程符合现场管理要求；平时上课的出勤情况和每天完成工作任务情况；善于多角度思考问题，能主动发现、提出有价值的问题				15	
思维状态	是否能发现问题、提出问题、分析问题、解决问题				10	
自评反馈	按时按质完成工作任务；较好地掌握专业知识点；具有较强的信息分析能力和理解能力；具有较为全面严谨的思维能力并能条理清晰地表述成文				25	
自评分数						
有益的经验和做法						
总结反思建议						

表 7-2-6　小组评价表

序号	评价项目	分值	小组评价					平均值
1	任务是否按时完成	20						
2	材料完成上交情况	10						
3	任务完成质量	30						
4	语言表达能力	15						
5	小组成员合作面貌	15						
6	创新点	10						

表 7-2-7　综合评价表

项目名称	评价内容	分值	评价分数		任务总评
			自评	师评	
职业素养考核项目 40%	穿戴规范、整洁	6			
	安全意识,责任意识,服从意识	6			
	积极参加教学活动,按时完成学生工作活页规定的任务	10			
	团队合作,与人交流能力	6			
	劳动纪律	6			
	生产现场管理 6S 标准	6			
专业核心能力考核项目 60%	专业知识查找及时、准确	12			
	操作符合规范	18			
	操作熟练度,工作效率	12			
	完工质量	18			

注:评价档次统一采用 A(优秀)、B(良好)、C(合格)、D(努力)4 个。

任务三　认识电力拖动控制系统的基本环节　建议学时:2学时

学习情境描述

1.任务引入

电气原理图是描述电气系统中组成部分及其相互关系的图形符号的图表。它通常用于表达电路的构造、结构和性能,以及电路中各种元件的连接方式和参数。电气原理图使用标准化的符号和线条来表示电器元件,如电压源、电流源、电阻、电容、电感等,以便于理解和识别。通过分析电路图能够快速定位故障点并采取相应的维修措施,提高电气系统的可靠性和安全性。因此作为船舶电气设备维护管理人员,正确识读电气原理图是必备的基本技能。电气原理图主要由主电路、控制电路、保护电路、配电电路等几部分组成,复杂的电路图一般由基本的控制环节组合而成。

2.关键知识点

电气原理图的组成、主电路、控制电路、基本控制环节。

3.关键技能点

点动控制、自锁控制、互锁控制、多地控制、顺序控制。

学习目标

1.知识目标

(1)了解电气原理图的组成;

(2)掌握电气原理图的主电路的功能及组成;(重点)

(3)掌握基本控制环节。(重点)

2.技能目标

(1)能够根据电气原理图对主电路进行接线;

(2)能够掌握电气原理图中基本控制环节的原理并进行接线。

3.素质目标

(1)培养学生的安全规范操作意识;

(2)培养学生的团队协作、互助意识;

(3)培养学生的独立思考、探索创新精神。

任务书

能够正确识读电气原理图,能说出主电路的组成与作用,能画出基本控制环节原理图。

任务分组

学生任务分配如表 7-3-1 所示。

表 7-3-1　学生任务分配表

班级			组号		指导教师	
组长			学号			
组员	姓名		学号		任务	
	姓名		学号		任务	
	姓名		学号		任务	
	姓名		学号		任务	

一、活动前准备

📦 引导问题 1：了解电气控制系统的主电路。

主电路，又被称为一次线路，是在电气设备或电力系统中，直接承担电能的交换或控制任务的电路。主电路相对而言比较简单，使用电器元件数量较少，在电气控制线路中，是负载的大电流通过的部分，也是发热量较大的部分。

主电路包括从电源到电机之间相连接的电器元件部分。一般由断路器、刀开关、组合开关、主熔断器、接触器主触点、热继电器的热元件和电机等组成。

图 7-3-1 为某铣床电气控制原理图主电路部分。

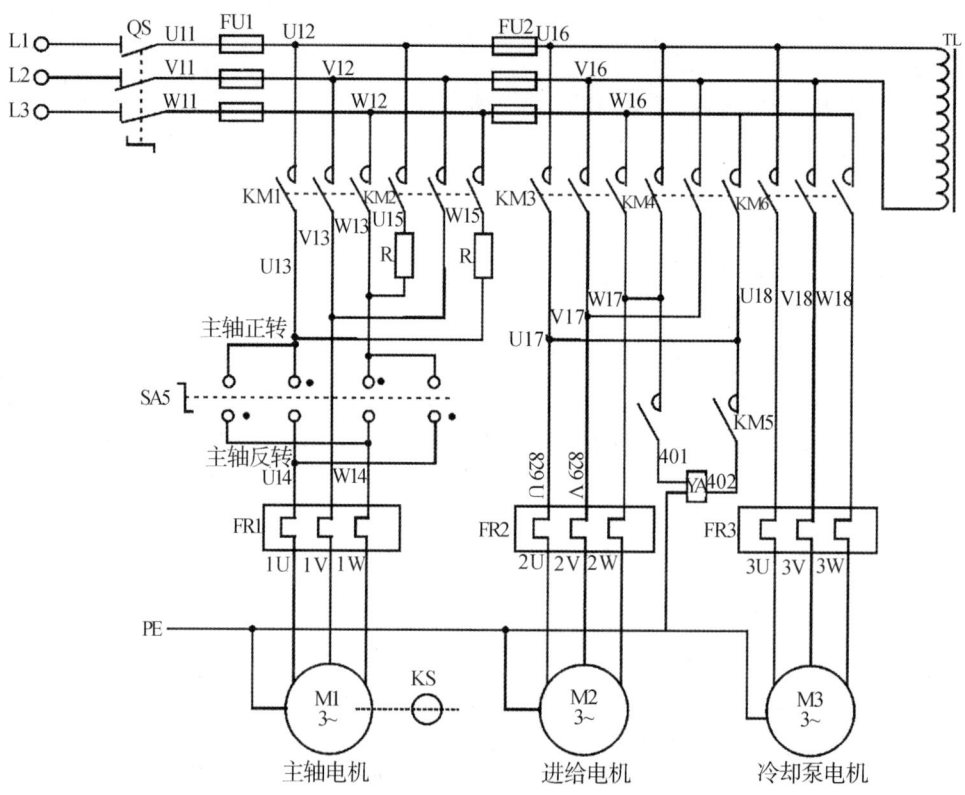

图 7-3-1　某铣床电气控制原理图主电路部分

图 7-3-1 为某铣床电气控制原理图主电路部分，查询资料，完成下列填空。

QS 表示＿＿＿＿＿＿＿＿＿＿，其作用是＿＿＿＿＿＿＿＿＿＿＿＿＿＿。

FU1 表示＿＿＿＿＿＿＿＿＿＿，其作用是＿＿＿＿＿＿＿＿＿＿＿＿＿＿。

SA5 表示＿＿＿＿＿＿＿＿＿＿，其作用是＿＿＿＿＿＿＿＿＿＿＿＿＿＿。

KM1 表示＿＿＿＿＿＿＿＿＿＿，其作用是＿＿＿＿＿＿＿＿＿＿＿＿＿＿。

KM3 闭合与 KM4 闭合对电机 M2 有什么不同？＿＿＿＿＿＿＿＿＿＿＿＿。

KM3 和 KM4 能同时工作吗？＿＿＿＿＿＿，为什么？＿＿＿＿＿＿＿＿＿＿。

FR1 表示＿＿＿＿＿＿＿＿＿＿，其作用是＿＿＿＿＿＿＿＿＿＿＿＿＿＿。

主电路除了直接控制电动机的启闭之外，还承担着保护电路与电动机的作用，一般而言,主电路有四种保护,即_____保护、_____保护、_____保护和_____保护,分别通过_____元件、_____元件、_____元件和_____元件实现上述保护功能。

引导问题2：了解电气控制系统的控制电路。

控制电路,又被称为二次线路,一般是由各种典型控制环节(如点动控制、连续控制、互锁控制、延时控制、顺序控制等)组合而成,用以控制主电路中受控设备的"启动""运行""停止",使主电路中的设备按设计工艺的要求正常工作。如图7-3-5所示,控制电路多由开关、按钮、信号指示、接触器辅助触点、各种继电器及其辅助触点构成。

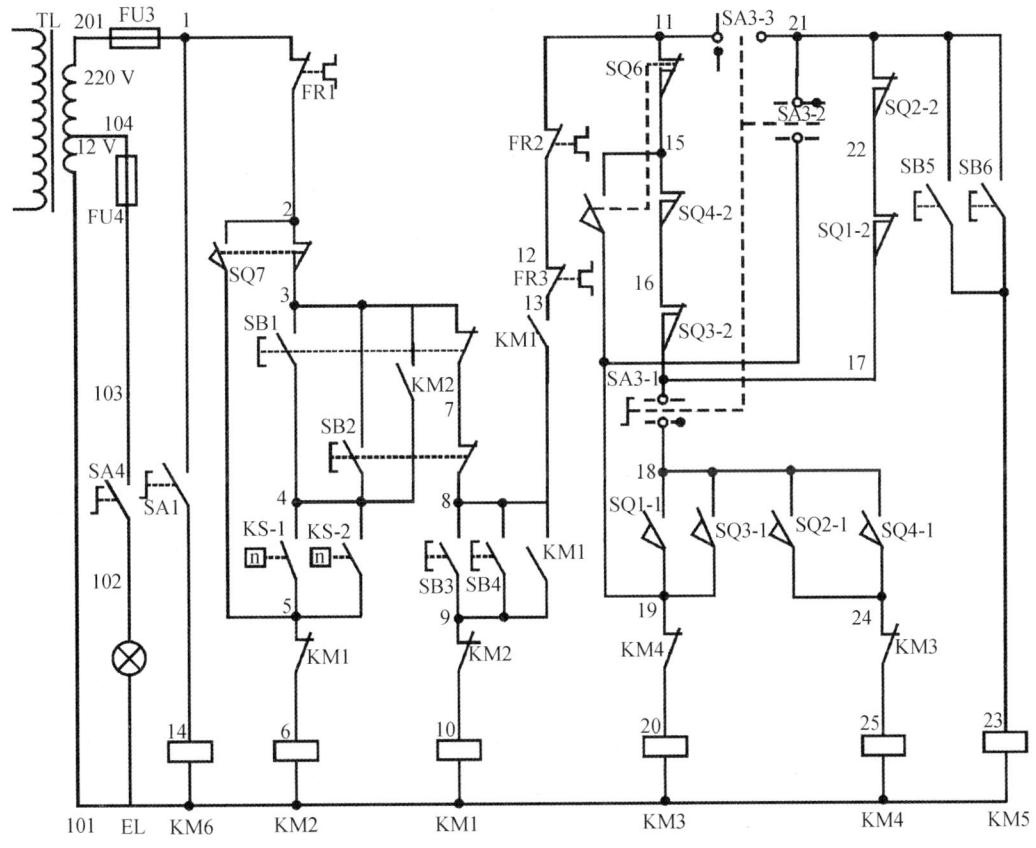

图 7-3-2　某铣床电气控制原理图的控制电路部分

图7-3-2为某铣床电气控制原理图的控制电路部分,查询资料,完成下列填空。

TL 表示：_____,其作用是：_____；

FR1 表示：_____,其作用是：_____；

KS-1 表示：_____,其作用是：_____；

SQ3-1 表示：_____,其作用是：_____；

SQ3-2 表示：_____,其作用是：_____。

引导问题3：了解点动控制环节。

点动控制多用于电机的短时控制场合。例如船舶克令吊的回转、变幅和吊钩的升降控制,船舶舱盖的打开与关闭控制等。如图7-3-3所示,查询资料,将下列电器元件标识于图中合适位置：

FU1、KM（主触点）、KM（线圈）、FU2、SB1（动合）、QF。

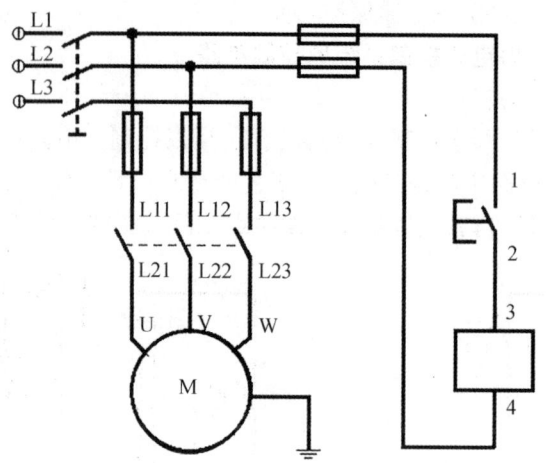

图 7-3-3　电动机点动控制原理图

结合图 7-3-3，叙述点动控制的动作原理。

　　　　　　　　　　　　　　　　　　　　　　　　　　　　　

　　　　　　　　　　　　　　　　　　　　　　　　　　　　　

引导问题 4：了解连续控制环节。

连续控制多用于电机的长时间控制场合，例如船舶主机的滑油泵、海水泵等电动机控制系统。图 7-3-4 所示为电动机连续控制电气原理图，查询资料，将下列电器元件标识于图中合适位置：

FU1、KM（主触点）、KM（线圈）、KM（常开辅助触点）、FU2、SB1（动合）、QF、SB2（动断）、FR（发热元件）、FR（动断）。

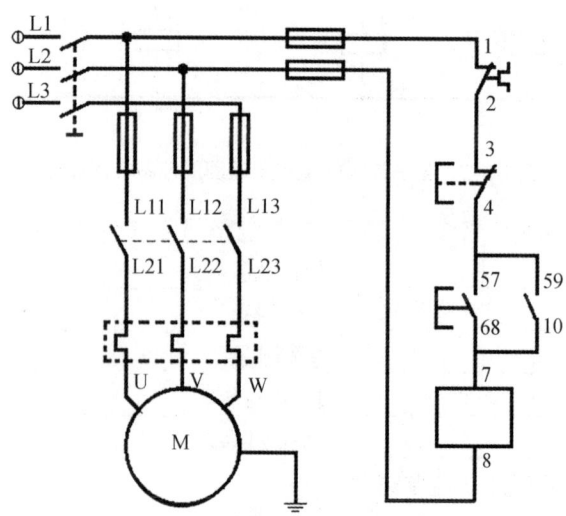

图 7-3-4　电动机连续控制电气原理图

(1)结合图7-3-4,叙述连续控制的动作原理。

_____

_____

_____

(2)简述什么是电气自锁,它是通过什么原理实现的。

_____

_____

_____

引导问题5:了解互锁控制环节。

在引导问题1中,KM3和KM4不能同时工作,否则会造成线路的短路,在电气原理的设计上,必须要保证两者不能同时连通电路工作,从而引入互锁控制,如图7-3-5所示。

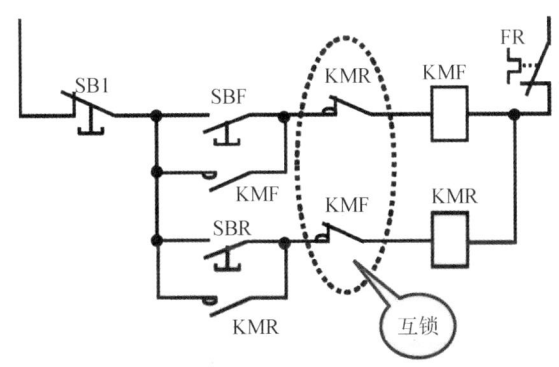

图7-3-5 电动机互锁控制环节

结合图7-3-5,叙述互锁控制的动作原理。

_____

_____

_____

引导问题6:了解多地控制环节。

多地控制就是要在两个或者两个以上的地点设置控制按钮,在不同的地点都可以对电动机进行相同的控制。例如,船舶主机滑油泵、主海水泵、主淡水泵、消防泵、主空压机等重要泵浦都要求至少能在机旁和集控室两地控制,某些设备甚至需要机旁、集控室和驾驶台三地控制。这些电气控制系统中都需要有多地控制环节,其控制原理如图7-3-6所示。

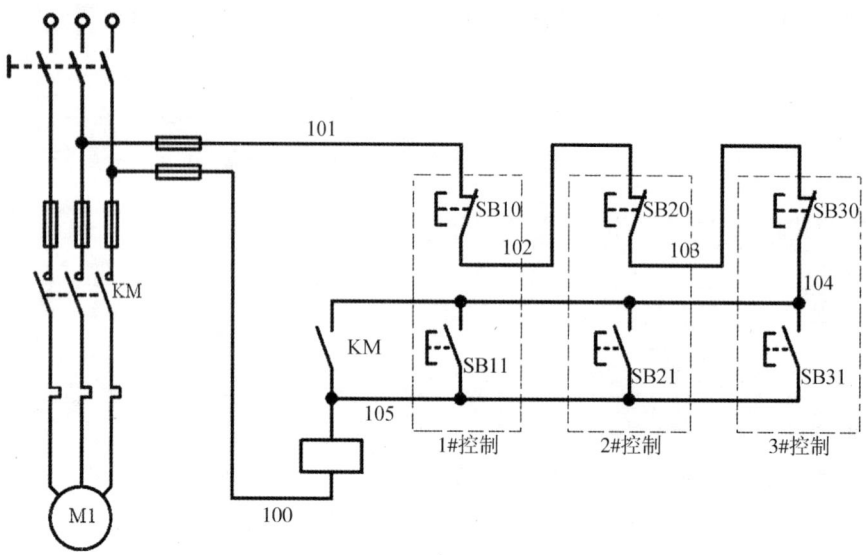

图 7-3-6　电动机互锁控制环节

结合图 7-3-6,叙述一下多地控制的动作原理。

_____

_____

_____

◆ 引导问题 7：了解顺序控制环节。

顺序控制,是指两个或两个以上的电动机按预先规定的顺序进行启动或停止的控制程序。例如,船舶上负责空压机冷却的水泵电机(M1)与空压机的主电机(M2)的逻辑关系中,只有 M1 先启动,M2 才允许启动;两台电机启动以后,M2 先停止。M1 才允许停止。这就是顺序控制,如图 7-3-7 所示。

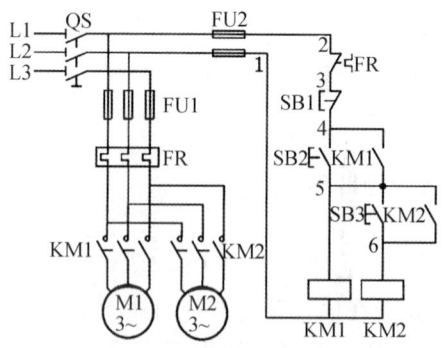

图 7-3-7　电动机顺序控制环节

结合图 7-3-7,叙述顺序控制的动作过程。

_____

_____

_____

二、活动实施

1.制定工作方案(如表7-3-2所示)

表7-3-2 工作方案

步骤	工作内容	负责人

2.列出仪表、工具、耗材和器材清单(如表7-3-3所示)

表7-3-3 仪表、工具、耗材和器材清单

序号	名称	型号和规格	单位	数量	备注

3.按照本组制定的实施方案进行电力拖动控制系统基本环节的认识

(1)领取仪表、工具、耗材和器材;

(2)检查仪表、工具、耗材和器材;

(3)按最佳方案进行电力拖动控制系统基本环节的认识。

4.考核标准

(1)画出指定的电气控制环节,并叙述其工作原理或动作过程(10 min内完成);

(2)根据电气图纸,完成基本控制环节的接线(15 min内完成)。

三、评价反馈

各组代表展示作品,介绍任务的完成过程。作品展示前应准备阐述材料,并完成评价表7-3-4、表7-3-5、表7-3-6。

表7-3-4 学生自评表

班级		组名		日期			
评价指标	评价要素					分值	得分
信息检索	能有效利用网络资源、工作手册查找有效信息;能用自己的语言有条理地去解释、表述所学知识;能将查找的信息有效转化到工作中					10	
感知工作	能否熟悉各自的工作岗位,认同工作价值;在工作中,是否获得满足感					10	
参与状态	与教师、同学之间是否相互尊重、理解、平等;与教师、同学之间是否能够保持多向、丰富、适宜的信息交流					10	
	探究学习、自主学习不流于形式,处理好合作学习和独立思考的关系,做到有效学习;能提出有意义的问题或能发表个人见解;能按要求正确操作;能够倾听、协作、分享					10	
学习方法	工作计划、操作技能是否符合规范要求;是否获得了进一步发展的能力					10	
工作过程	遵守管理规程,操作过程符合现场管理要求;平时上课的出勤情况和每天完成工作任务情况;善于多角度思考问题,能主动发现、提出有价值的问题					15	
思维状态	是否能发现问题、提出问题、分析问题、解决问题					10	
自评反馈	按时按质完成工作任务;较好地掌握专业知识点;具有较强的信息分析能力和理解能力;具有较为全面严谨的思维能力并能条理清晰地表述成文					25	
自评分数							
有益的经验和做法							
总结反思建议							

表7-3-5 小组评价表

序号	评价项目	分值	小组评价						平均值
1	任务是否按时完成	20							
2	材料完成上交情况	10							
3	任务完成质量	30							
4	语言表达能力	15							
5	小组成员合作面貌	15							
6	创新点	10							

表 7-3-6　综合评价表

项目名称	评价内容	分值	评价分数		任务总评
			自评	师评	
职业素养考核项目40%	穿戴规范、整洁	6			
	安全意识,责任意识,服从意识	6			
	积极参加教学活动,按时完成学生工作活页规定的任务	10			
	团队合作,与人交流能力	6			
	劳动纪律	6			
	生产现场管理6S标准	6			
专业核心能力考核项目60%	专业知识查找及时、准确	12			
	操作符合规范	18			
	操作熟练度,工作效率	12			
	完工质量	18			

注:评价档次统一采用 A(优秀)、B(良好)、C(合格)、D(努力)4 个。

任务四　典型电力拖动控制系统的安装、调试与管理

建议学时：4学时

学习情境描述

1.任务引入

各种船舶机械设备因其功能不同,其电气控制线路也不一样,有的较为简单,有的却相当复杂。但任何一种复杂的电气控制线路,都是由一些比较简单的基本控制线路根据实际需要组合而成的,所以分析这些复杂的电气控制线路图时,可先将其划分成若干个基本线路进行读识。下面通过两个船舶中典型的电气控制线路,说明如何根据前面分析的识图要领,完成电路图的分析过程。

2.关键知识点

电动机正反转、互锁控制、星形连接、三角形连接、联锁控制、时间继电器。

3.关键技能点

电气原理图的识读、电气接线图的连接、星形-三角形换接控制接线、时间继电器的接线。

学习目标

1.知识目标

(1)掌握电动机正反转控制电路原理图;(重点)

(2)掌握星形-三角形换接启动的原理及应用;

(2)掌握电动机星形-三角形换接启动电气控制原理图;(重点)

2.技能目标

(1)熟练连接三相异步电动机正反转启动控制电路;

(2)熟练连接三相异步电动机星形-三角形降压启动控制电路。

3.素质目标

(1)培养学生的安全规范操作意识;

(2)培养学生的团队协作、互助意识;

(3)培养学生的独立思考、探索创新精神。

任务书

学会三相异步电动机正反转控制电路以及星形-三角形换接启动控制电路的安装、调试以及管理。

任务分组

学生任务分配如表7-4-1所示。

表7-4-1　学生任务分配表

班级			组号		指导教师	
组长			学号			
组员	姓名		学号		任务	
	姓名		学号		任务	
	姓名		学号		任务	
	姓名		学号		任务	

学习活动一　正反转控制电路的安装、调试与管理

一、 活动前准备

在船舶的一些工作场合,往往需要生产机械能够来回移动或转动,例如电动舵机的转动、克令吊吊钩的上升与下降、车床主轴的正反转控制等。这时就需要拖动电动机能够正转与反转。

🔲**引导问题:了解正反转控制电路**

(1)回忆学过的电动机相关知识,如何实现三相异步电动机的反转?

（2）图7-4-1是电动机正反转控制电路图,查询资料,将下列电气符号填到图中合适位置:

KM1（动合）、KM2（动合）、KM1（动断）、KM2（动断）、KM1（线圈）、KM2（线圈）、KM1（主触点）、KM2（主触点）、FR（发热元件）、FR（动断）、QS、FU1（大）、FU2（小）、SB1（动合）、SB2（动断）。

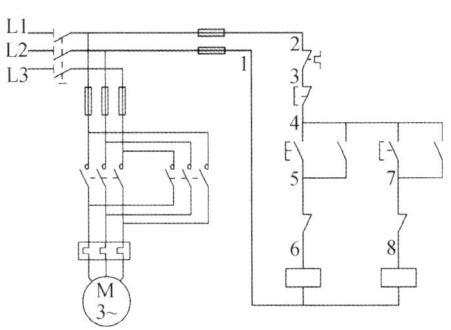

图7-4-1　电动机正反转控制电路图

（3）结合图7-4-1,叙述以下各电器元件在控制系统中的作用。

QS_____;FU1_____;
FU2_____;FR_____;
KM1（动合）_____;KM2_____;
KM1（动断）_____;KM2（动断）_____。

（4）结合图7-4-1,将图7-4-2中的实物连接起来(建议使用两种及以上笔色,便于区分)。

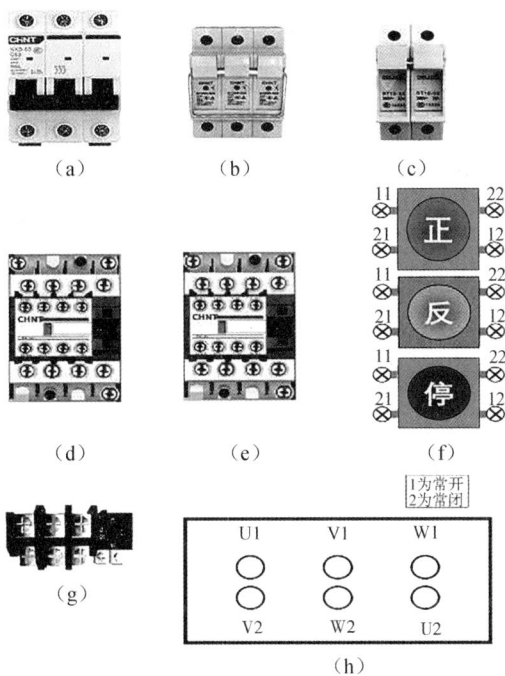

图7-4-2　三相异步电动机正反转控制接线图

(5)结合图 7-4-1 和图 7-4-2,叙述电动机正反转控制电路的动作顺序过程。

_____

_____

_____

_____

(6)在图 7-4-1 中,当需要对电动机进行正(反)转切换时,必须先按停止键,接触互锁控制才能进行正(反)转的切换,你能否对该控制系统进行优化改进,使电动机的正(反)转切换可以不用先按停止键,直接进行切换,请将修改好的电路图画在下面的框中,并尝试连接起来。

二、活动实施

1.制定工作方案(如表 7-4-2 所示)

表 7-4-2　工作方案

步骤	工作内容	负责人

2.列出仪表、工具、耗材和器材清单(如表7-4-3所示)

表7-4-3　仪表、工具、耗材和器材清单

序号	名称	型号和规格	单位	数量	备注

3.按照本组制定的实施方案进行正反转控制电路的安装、调试与管理

(1)领取仪表、工具、耗材和器材;

(2)检查仪表、工具、耗材和器材;

(3)按最佳方案进行正反转控制电路的安装、调试与管理。

4.考核标准

(1)画出正反转控制电路图,并叙述其工作过程(20 min 内完成);

(2)根据电气图纸,完成正反转控制电路的接线与调试(60 min 内完成)。

三、评价反馈

各组代表展示作品,介绍任务的完成过程。作品展示前应准备阐述材料,并完成评价表7-4-4、表7-4-5、表7-4-6。

表7-4-4　学生自评表

班级		组名		日期		
评价指标	评价要素				分值	得分
信息检索	能有效利用网络资源、工作手册查找有效信息;能用自己的语言有条理地去解释、表述所学知识;能将查找的信息有效转化到工作中				10	
感知工作	能否熟悉各自的工作岗位,认同工作价值;在工作中,是否获得满足感				10	
参与状态	与教师、同学之间是否相互尊重、理解、平等;与教师、同学之间是否能够保持多向、丰富、适宜的信息交流				10	
	探究学习、自主学习不流于形式,处理好合作学习和独立思考的关系,做到有效学习;能提出有意义的问题或能发表个人见解;能按要求正确操作;能够倾听、协作、分享				10	
学习方法	工作计划、操作技能是否符合规范要求;是否获得了进一步发展的能力				10	

续表

工作过程	遵守管理规程,操作过程符合现场管理要求;平时上课的出勤情况和每天完成工作任务情况;善于多角度思考问题,能主动发现、提出有价值的问题	15	
思维状态	是否能发现问题、提出问题、分析问题、解决问题	10	
自评反馈	按时按质完成工作任务;较好地掌握专业知识点;具有较强的信息分析能力和理解能力;具有较为全面严谨的思维能力并能条理清晰地表述成文	25	
自评分数			
有益的经验和做法			
总结反思建议			

表 7-4-5　小组评价表

序号	评价项目	分值	小组评价					平均值
1	任务是否按时完成	20						
2	材料完成上交情况	10						
3	任务完成质量	30						
4	语言表达能力	15						
5	小组成员合作面貌	15						
6	创新点	10						

表 7-4-6　综合评价表

项目名称	评价内容	分值	评价分数		任务总评
			自评	师评	
职业素养考核项目40%	穿戴规范、整洁	6			
	安全意识,责任意识,服从意识	6			
	积极参加教学活动,按时完成学生工作活页规定的任务	10			
	团队合作,与人交流能力	6			
	劳动纪律	6			
	生产现场管理6S标准	6			
专业核心能力考核项目60%	专业知识查找及时、准确	12			
	操作符合规范	18			
	操作熟练度,工作效率	12			
	完工质量	18			

注:评价档次统一采用 A(优秀)、B(良好)、C(合格)、D(努力)4 个。

学习活动二　星形-三角形降压启动控制电路的安装、调试与管理

一、活动前准备

由于船舶电站的容量相对较小,在启动大功率电动机时,其启动电流大(一般为正常工作电流的3~5倍),对船舶电网的冲击比较强烈,严重影响船舶的电力稳定,因此必须限制大功率电动机的启动电流,以减少对船舶电网的冲击。船舶上的大中型电动机大多采用星形-三角形降压启动控制。

引导问题1:三相交流电的基础知识。

(1)什么是相电压和线电压?

_____

_____

_____

(2)什么是相电流和线电流?

_____

_____

_____

(3)什么是星形接法? 在图7-4-3(a)中完成三相异步电动机星形接法的接线。

在星形接法中,三相异步电动机的线电压是相电压的_____倍,线电流是相电流的_____倍,其电功率计算公式为_____。

(4)什么是三角形接法? 在图7-4-3(b)中完成三相异步电动机三角形接法的接线。

在三角形接法中,三相异步电动机的线电压是相电压的_____倍,线电流是相电流的_____倍,其电功率计算公式为_____。

```
        U1   V1   W1            U1   V1   W1
        ○    ○    ○             ○    ○    ○

        ○    ○    ○             ○    ○    ○
        V2   W2   U2            V2   W2   U2

      (a)星形接法                (b)三角形接法
```

图7-4-3　三相异步电动机接线示意图

(5)现将相同的两台三相异步电动机,分别呈星形接法和三角形接法,接到线电压为380 V的三相电源上,此时 $U_{pY} = $ _____, $U_{p\triangle} = $ _____;则两机相电流之比 $I_{pY}/I_{p\triangle} = $ _____,两机线电流之比 $I_{lY}/I_{l\triangle} = $ _____。

即星形接法的电动机工作电流只有三角形接法的电动机工作电流的_____,因

此我们采用星形接法启动,待电动机转速稳定后,再换接成三角形接法,从而减少启动电流对电网的冲击作用。但需要注意的是,星形接法电动机的启动力矩也只有三角形接法电动机的启动力矩的_____,因此,星形-三角形降压启动只适用于启动时为空载或者轻载,且电动机要满足380V/△接线条件。

引导问题2:星形-三角形降压启动控制。

(1)图7-4-4为星形-三角形降压启动控制原理图,将下列电气符号填到图中合适位置:

KM1(动合)、KM2(动合)、KM1(动断)、KM2(动断)、KM1(线圈)、KM2(线圈)、KM1(主触点)、KM2(主触点)、FR(发热元件)、FR(动断)、QS、FU(大)、FU(小)、SB1(动合)、SB2(动断)。

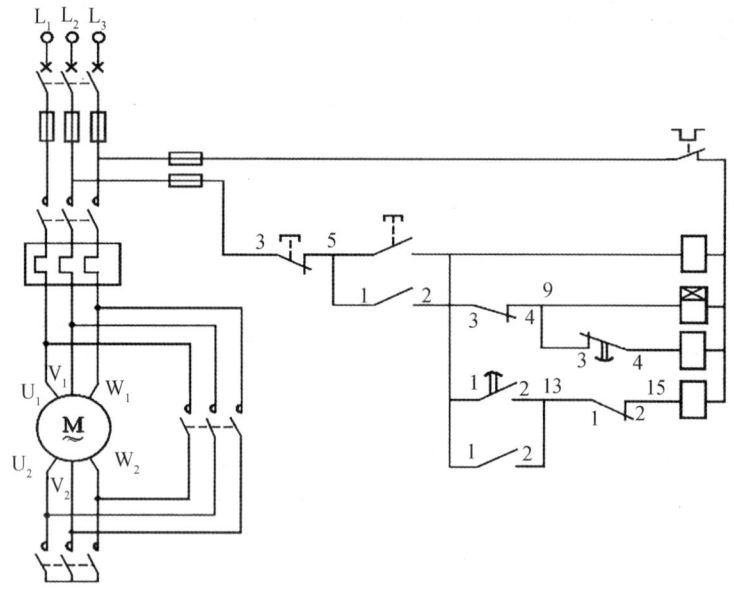

图7-4-4 星形-三角形降压启动控制原理图

(2)结合图7-4-4,叙述该星形-三角形降压启动控制的工作过程。

_____

_____

_____

_____

(3)结合图7-4-4,将图7-4-5中的实物连接起来(建议使用两种及以上笔色,便于区分)。

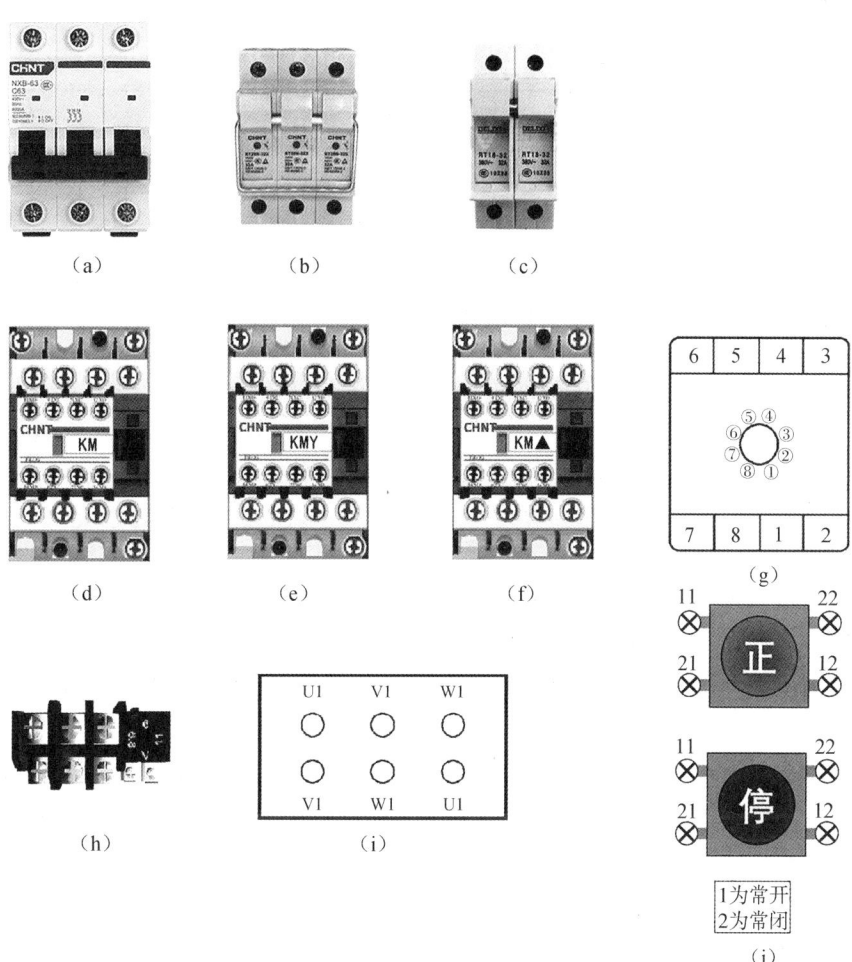

图 7-4-5　星形-三角形降压启动控制接线图

二、活动实施

1.制定工作方案(如表 7-4-7 所示)

表 7-4-7　工作方案

步骤	工作内容	负责人

2.列出仪表、工具、耗材和器材清单(如表7-4-8所示)

表7-4-8　仪表、工具、耗材和器材清单

序号	名称	型号和规格	单位	数量	备注

3.按照本组制定的实施方案进行星形-三角形降压启动控制电路的安装、调试与管理

(1)领取仪表、工具、耗材和器材;

(2)检查仪表、工具、耗材和器材;

(3)按最佳方案进行星形-三角形降压启动控制电路的安装、调试与管理。

4.考核标准

(1)画出星形-三角形降压启动控制电路图,并叙述其工作过程(30 min内完成);

(2)根据电气图纸,完成星形-三角形降压启动控制电路的接线与调试(90 min内完成)。

三、评价反馈

各组代表展示作品,介绍任务的完成过程。作品展示前应准备阐述材料,并完成评价表7-4-9、表7-4-10、表7-4-11。

表7-4-9　学生自评表

班级		组名		日期		
评价指标		评价要素			分值	得分
信息检索		能有效利用网络资源、工作手册查找有效信息;能用自己的语言有条理地去解释、表述所学知识;能将查找的信息有效转化到工作中			10	
感知工作		能否熟悉各自的工作岗位,认同工作价值;在工作中,是否获得满足感			10	
参与状态		与教师、同学之间是否相互尊重、理解、平等;与教师、同学之间是否能够保持多向、丰富、适宜的信息交流			10	
		探究学习、自主学习不流于形式,处理好合作学习和独立思考的关系,做到有效学习;能提出有意义的问题或能发表个人见解;能按要求正确操作;能够倾听、协作、分享			10	
学习方法		工作计划、操作技能是否符合规范要求;是否获得了进一步发展的能力			10	

续表

工作过程	遵守管理规程,操作过程符合现场管理要求;平时上课的出勤情况和每天完成工作任务情况;善于多角度思考问题,能主动发现、提出有价值的问题	15	
思维状态	是否能发现问题、提出问题、分析问题、解决问题	10	
自评反馈	按时按质完成工作任务;较好地掌握专业知识点;具有较强的信息分析能力和理解能力;具有较为全面严谨的思维能力并能条理清晰地表述成文	25	
自评分数			
有益的经验和做法			
总结反思建议			

表 7-4-10　小组评价表

序号	评价项目	分值	小组评价					平均值
1	任务是否按时完成	20						
2	材料完成上交情况	10						
3	任务完成质量	30						
4	语言表达能力	15						
5	小组成员合作面貌	15						
6	创新点	10						

表 7-4-11　综合评价表

项目名称	评价内容	分值	评价分数		任务总评
			自评	师评	
职业素养考核项目40%	穿戴规范、整洁	6			
	安全意识,责任意识,服从意识	6			
	积极参加教学活动,按时完成学生工作活页规定的任务	10			
	团队合作,与人交流能力	6			
	劳动纪律	6			
	生产现场管理6S标准	6			
专业核心能力考核项目60%	专业知识查找及时、准确	12			
	操作符合规范	18			
	操作熟练度,工作效率	12			
	完工质量	18			

注:评价档次统一采用 A(优秀)、B(良好)、C(合格)、D(努力)4 个。

任务五 变频启动控制电路的安装、调试与管理 建议学时：2学时

学习情境描述

1.任务引入

变频器是应用变频技术与微电子技术，通过改变电机工作电源频率方式来控制交流电动机的电力控制设备。变频器靠内部 IGBT 的开断来调整输出电源的电压和频率，根据电机的实际需要来提供其所需要的电源电压，进而达到节能、调速的目的。另外，变频器还有很多的保护功能，如过流、过压、过载保护等。因此作为船舶电气设备维护管理人员，正确安装、调试变频器是必备的基本技能。

2.关键知识点

变频器的组成。

3.关键技能点

变频器的安装、调试。

学习目标

1.知识目标

(1)了解变频器的外部结构；

(2)掌握变频器的内部结构。(重点)

2.技能目标

(1)能够将变频器的线路正确连接；

(2)能够根据线路要求正确调试变频器。

3.素质目标

(1)培养学生的安全规范操作意识；

(2)培养学生的团队协作、互助意识；

(3)培养学生的独立思考、探索创新精神。

任务书

能够正确识读变频器外部结构，能说出其内部电路组成部分，能安装、调试变频启动控制电路。

任务分组

学生任务分配如表7-5-1所示。

表 7-5-1　学生任务分配表

班级			组号		指导教师	
组长			学号			
组员	姓名		学号		任务	
	姓名		学号		任务	
	姓名		学号		任务	
	姓名		学号		任务	

一、活动前准备

引导问题1：了解变频器外部结构。

根据图 7-5-1(b)，写出变频器外部结构 1~10 的结构名称。

_____

_____

_____

_____

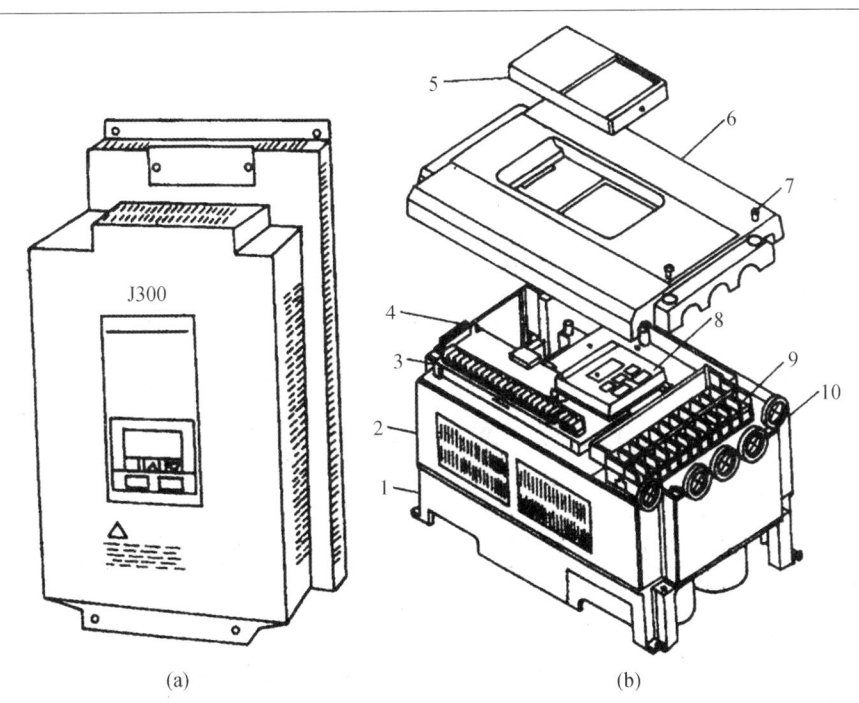

(a)　　　　　　　　　　　(b)

图 7-5-1　变频器外部结构

引导问题2：了解变频器内部结构。

变频器主要由整流器、滤波器、逆变器和控制电路四部分组成。图7-5-2 为变频器内部结构。

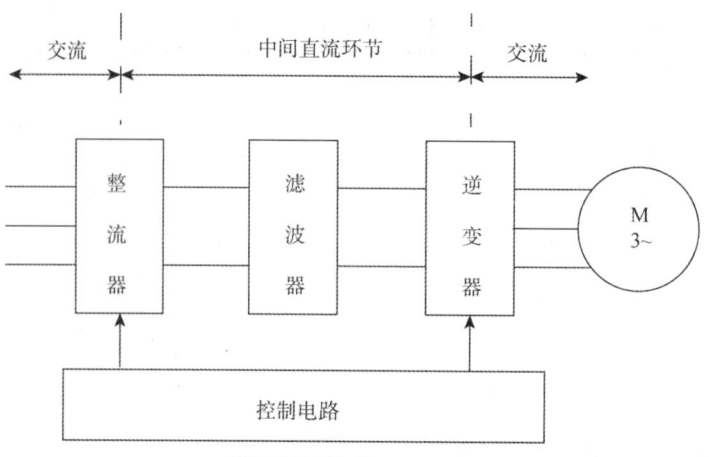

变频器基本构成

图 7-5-2　变频器内部结构

根据图 7-5-2,写出整流器、滤波器、逆变器和控制电路的作用。

_____

_____

_____

_____

引导问题3：了解变频器接线方式。

变频器接线如图 7-5-3 所示。

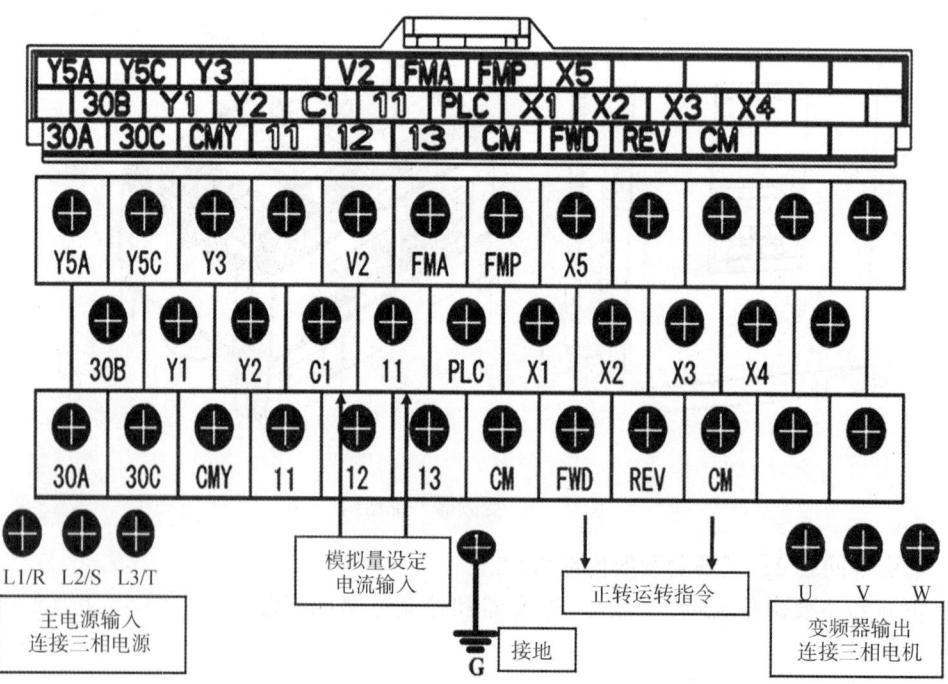

图 7-5-3　变频器接线

变频器接线时注意事项：

①输入电源必须接到 R、S、T 上，输出电源必须接到端子 U、V、W 上，若错接，会损坏变频器。

②为了防止触电、火灾和降低噪声，必须连接接地端子。

③端子和导线的连接应牢靠，要使用接触性能好的压接端子。

④配完线后，要再次检查接线是否正确，有无漏接现象，端子和导线间是否短路或接地。

⑤通电后，需要改接线时，即使已经关断电源，也应等充电指示灯熄灭后，用万用表确认直流电压降到安全电压（DC 25 V 以下）后再操作。若还有残留电压就进行操作，会产生火花，这时应先放完电后再进行操作

◆引导问题4：了解变频器的调试方式。

变频器操作面板的名称和功能如图 7-5-4 所示。

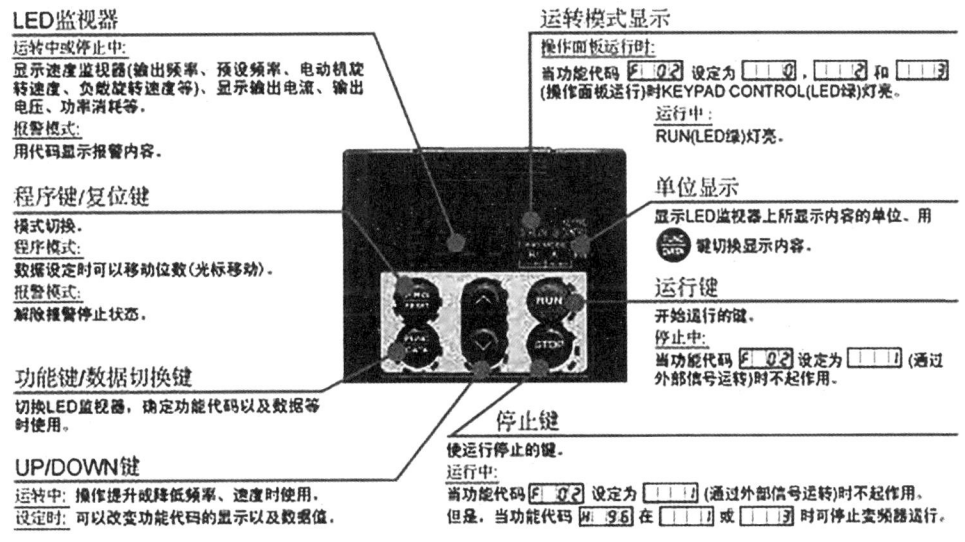

图 7-5-4　变频器操作面板的名称和功能

变频器操作面板调试方式：

①按 PRG/RESET（程序/复位键），切换至程序模式。

运转模式：运转信息（输出频率、输出电流、输出电压以及设定值、反馈值等）。

程序模式：菜单、功能代码、功能代码数据等。

报警模式：显示报警功能发生的报警原因代码。

②按 FUNC/DATA（功能/数据键）选择需要设定的功能代码。

③按 UP/DOWN 键更改功能代码数据，修改之后按 FUNC/DATA 键保存（LED 监视器会显示"SAVE"字样）。主要需要设定的操作面板功能代码如表 7-5-2 所示。

④设定完表 7-5-2 各功能代码之后按 PRG/RESET 键切换为运转模式，连续按 7 次 FUNC/DATA 键，至压力设定值设置界面，按 UP/DOWN 键进行设置为 0.23。

⑤按 RUN 键（运行键），开始水泵的运转。

⑥运转之后再按 1 次 FUNC/DATA 键切换至压力反馈值界面，观察并与泵房压变

显示值进行比对是否一致。

⑦连续按 FUNC/DATA 键切换至频率、电流界面,观察数据是否正常(频率 33 Hz 左右,电流 7~8 A)。

⑧频率、电流、压力反馈值正常,则变频器运作稳定。

表 7-5-2　操作面板功能代码

功能代码	名称	设定值及意义	功能代码	名称	设定值及意义
F01	频率设定	0　操作面板键操作	J03	P(增益)	0.9
F02	运行操作	2　正转	J04	I(积分时间)	9.0
E40	PID 表示系数 A	0.5　压变量程	J05	D(微分时间)	0
E43	LED 监视器显示选择	12　PID 反馈值	P02	功率(kW)	5.5　电机额定功率
E62	端子 C1	5　PID 反馈值	P03	额定电流(A)	略小于 14 电机额定电流
J01	PID 控制动作选择	1　程序用(正动作)	F44	电流限制	99%
H03	数据初始化	1　初始化			

引导问题 5：了解变频器的安装方式及要求。

变频器的安装主要有墙挂式安装和控制柜中安装两种方式。

1.墙挂式安装

用螺栓垂直安装在坚固的物体上。正面是变频器文字键盘,请勿上下颠倒或平放安装。周围要留有一定空间,上下 10 cm 以上,左右 5 cm 以上。因变频器在运行过程中会产生热量,必须保持冷风畅通,如图 7-5-5 所示。

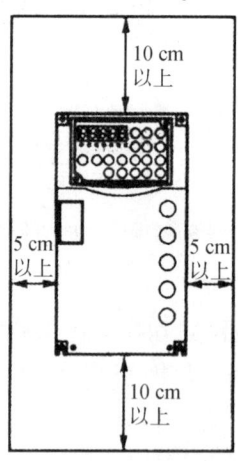

图 7-5-5　墙挂式安装

2.控制柜中安装

控制柜中安装时,在变频器的上方柜顶安装排风扇,不要在控制柜的底部安装排风扇,如图 7-5-6 所示。

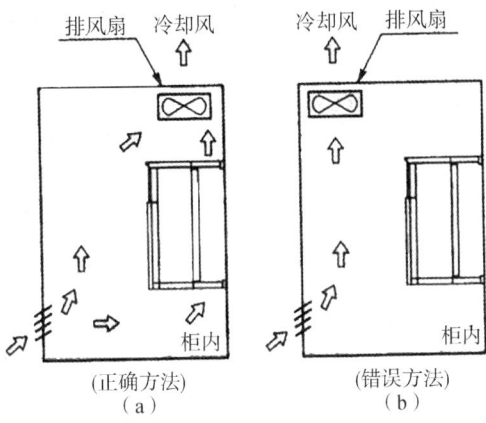

图 7-5-6 控制柜中安装

二、活动实施

1.制定工作方案(如表 7-5-3 所示)

表 7-5-3 工作方案

步骤	工作内容	负责人

2.列出仪表、工具、耗材和器材清单(如表 7-5-4 所示)

表 7-5-4 仪表、工具、耗材和器材清单

序号	名称	型号和规格	单位	数量	备注

3.按照本组制定的实施方案进行变频启动控制电路的安装、调试与管理

(1)领取仪表、工具、耗材和器材;

(2)检查仪表、工具、耗材和器材;

(3)按最佳方案进行变频启动控制电路的安装、调试与管理。

4.考核标准

(1)正确画出变频启动控制电路图,并叙述其工作原理(30 min 内完成);

(2)根据电气图纸,完成变频启动控制电路的安装(60 min 内完成);

(3)正确调试变频启动控制电路(10 min 内完成)。

三、 评价反馈

各组代表展示作品,介绍任务的完成过程。作品展示前应准备阐述材料,并完成评价表 7-5-5、表 7-5-6、表 7-5-7。

表 7-5-5　学生自评表

班级		组名		日期		
评价指标	评价要素				分值	得分
信息检索	能有效利用网络资源、工作手册查找有效信息;能用自己的语言有条理地去解释、表述所学知识;能将查找的信息有效转化到工作中				10	
感知工作	能否熟悉各自的工作岗位,认同工作价值;在工作中,是否获得满足感				10	
参与状态	与教师、同学之间是否相互尊重、理解、平等;与教师、同学之间是否能够保持多向、丰富、适宜的信息交流				10	
	探究学习、自主学习不流于形式,处理好合作学习和独立思考的关系,做到有效学习;能提出有意义的问题或能发表个人见解;能按要求正确操作;能够倾听、协作、分享				10	
学习方法	工作计划、操作技能是否符合规范要求;是否获得了进一步发展的能力				10	
工作过程	遵守管理规程,操作过程符合现场管理要求;平时上课的出勤情况和每天完成工作任务情况;善于多角度思考问题,能主动发现、提出有价值的问题				15	
思维状态	是否能发现问题、提出问题、分析问题、解决问题				10	
自评反馈	按时按质完成工作任务;较好地掌握专业知识点;具有较强的信息分析能力和理解能力;具有较为全面严谨的思维能力并能条理清晰地表述成文				25	
自评分数						
有益的经验和做法						
总结反思建议						

表 7-5-6　小组评价表

序号	评价项目	分值	小组评价					平均值
1	任务是否按时完成	20						
2	材料完成上交情况	10						
3	任务完成质量	30						
4	语言表达能力	15						
5	小组成员合作面貌	15						
6	创新点	10						

表 7-5-7　综合评价表

项目名称	评价内容	分值	评价分数		任务总评
			自评	师评	
职业素养考核项目 40%	穿戴规范、整洁	6			
	安全意识,责任意识,服从意识	6			
	积极参加教学活动,按时完成学生工作活页规定的任务	10			
	团队合作,与人交流能力	6			
	劳动纪律	6			
专业核心能力考核项目 60%	生产现场管理 6S 标准	6			
	专业知识查找及时、准确	12			
	操作符合规范	18			
	操作熟练度,工作效率	12			
	完工质量	18			

注:评价档次统一采用 A(优秀)、B(良好)、C(合格)、D(努力)4 个。

任务六 PLC控制电路的安装、编程与调试 建议学时：8学时

学习情境描述

1.任务引入

PLC是一种数字运算操作的电子系统,专为在工业环境下应用而设计。它采用可编程序的存储器,用来在其内部存储执行逻辑运算,顺序控制、定时、计算和算术运算等操作的指令,并通过数字式和模拟式的输入输出,控制各种类型的机械或生产过程。随着船舶向着大型化、高速化、自动化和网络化的方向发展,对于船舶电力控制系统的自动化要求不断地提高,PLC在船舶上的应用越来越广泛。因此,作为船舶电气管理人员,必须具备PLC基本的认知、编程和测试能力。

2.关键知识点

PLC优点、PLC的组成、PLC编程基本知识。

3.关键技能点

PLC控制系统硬件的安装、软件编程以及调试。

学习目标

1.知识目标

(1)掌握PLC的基本组成部件和作用;

(2)掌握PLC的基本编程规则和逻辑指令;(重点)

(3)掌握PLC控制电动机正反转的设计与实施流程。(重点)

2.技能目标

(1)能够认识常见PLC的硬件模块;

(2)能够画出PLC的梯形图;

(3)能够完成PLC控制电路的设计、安装与调试。

3.素质目标

(1)培养学生的安全规范操作意识;

(2)培养学生的团队协作、互助意识;

(3)培养学生的独立思考、探索创新精神。

任务书

使用PLC完成三相异步电动机的正反转控制。

任务分组

学生任务分配如表 7-6-1 所示。

表 7-6-1　学生任务分配表

班级			组号		指导	
组长			学号		教师	
组员	姓名		学号		任务	
	姓名		学号		任务	
	姓名		学号		任务	
	姓名		学号		任务	

学习活动一　PLC 硬件的认识

一、活动前准备

◆引导问题 1：了解 PLC 的产生过程。

PLC 是可编程逻辑控制器（Programmable Logic Controller, PLC）的简称，如图 7-6-1 所示。它是一种专门为在工业环境下应用而设计的数字运算操作的电子装置。现在工业上使用的 PLC 已经相当或接近于一台紧凑型的计算机主机，其在扩展性和可靠性方面的优势使其被广泛应用于各类工业控制领域。

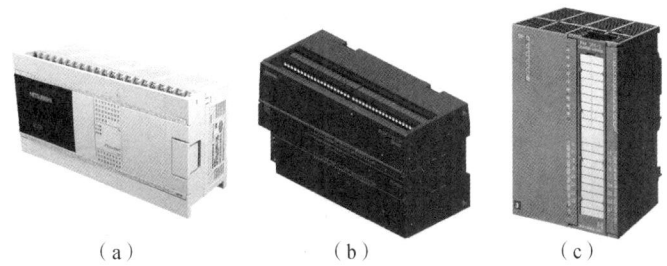

(a)	(b)	(c)

图 7-6-1　几种常见类型的 PLC

在可编程序控制器问世以前，工业控制领域中是以继电器占主导地位的。这种由继电器构成的控制系统有着明显的缺点：体积大、耗电多、可靠性差、寿命短、运行速度不高，尤其是对生产工艺多变的系统适应性更差，一旦生产任务和工艺发生变化，就必须重新设计，并改变硬件结构，造成了时间和资金的严重浪费。

1968 年，美国通用汽车公司（GM 公司）提出了研制新型控制装置的十项指标，其主要内容如下：

(1)编程简单，可在现场修改和调试程序；

(2)价格便宜，性价比高于继电器控制系统；

(3)可靠性高于继电器控制系统；

(4)体积小于继电器控制装置，能耗小；

（5）能与计算机系统数据通信；

（6）输入量是交流 115 V（美国电网电压标准）；

（7）输出量是交流 115 V、2 A 以上，可直接驱动电磁阀等；

（8）具有灵活的扩展能力；

（9）硬件维护方便，采用插入式模块结构；

（10）用户存储器容量至少在 4 KB 以上（根据当时的汽车装配过程的要求提出）。

这些要求，实际上是将继电器控制系统简单易懂、使用方便、价格低廉的优点，与计算机系统功能完善、灵活性及通用性好的优点结合起来，将继电接触器控制的硬接线逻辑转变为计算机的软件逻辑编程的设想。1969 年，美国数字设备公司（DEC）研制出了第一台 PLC（PDP-14），在美国通用汽车公司的生产线上试用成功，并取得了满意的效果，PLC 自此诞生。

◈引导问题 2：了解 PLC 控制系统。

典型的 PLC 控制系统组成方框图如图 7-6-2 所示。PLC 控制系统主要由 CPU、存储器（EPROM、RAM）、输入/输出接口、电源、通信接口以及扩展接口组成。

对于整体式 PLC，这些部件都在同一个机壳内。而对于模块式 PLC，各部件独立封装，称为模块，各模块通过机架和电缆连接在一起。PLC 的各个部分均通过电源总线、控制总线、地址总线和数据总线连接，根据实际控制对象的需要配备一定的外部设备，构成不同的 PLC 控制系统。

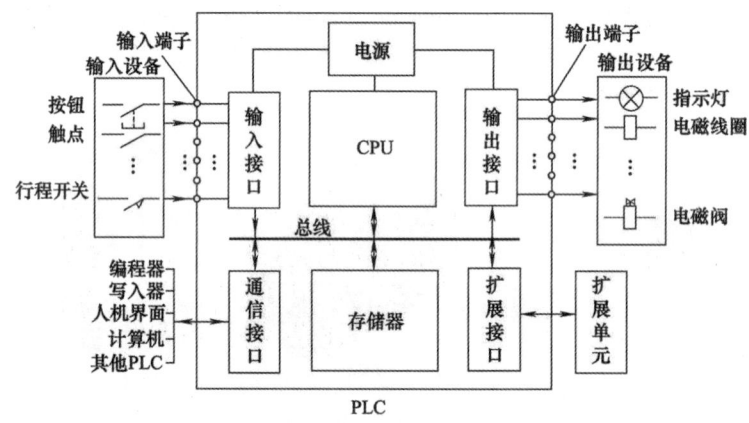

图 7-6-2　典型的 PLC 控制系统组成方框图

下面分别介绍 PLC 的各组成部分及其作用，以便进一步了解 PLC 的控制原理和工作过程。

1.CPU

CPU 是 PLC 的控制中枢。PLC 在 CPU 的控制下有条不紊地协调工作，从而实现对现场的各个设备进行控制。CPU 由微处理器和控制器组成，它可以实现逻辑运算和数学运算，协调控制系统内部各部分的工作。

控制器的作用是控制整个微处理器的各个部件有条不紊地进行工作，它的基本功能就是从内存中读取指令和执行指令。

CPU 的主要功能有：

（1）接收通信接口送来的程序和信息，并将它们存入存储器；

（2）采用循环检测（即扫描检测）方式不断检测输入接口送来的状态信息，以判断输入设备的状态；

（3）逐条运行存储器中的程序，并进行各种运算，再将运算结果存储下来，经输出接口对输出设备进行有关的控制；

（4）监测和诊断内部各电路的工作状态。

2. 存储器

存储器的功能是存储程序和数据。PLC 通常配有 ROM（只读存储器）和 RAM（随机存储器）两种存储器。ROM 用来存储系统程序，RAM 用来存储用户程序和程序运行时产生的数据。

系统程序由厂家编写并固化在 ROM 存储器中，用户无法访问和修改系统程序。系统程序主要包括系统管理程序和指令解释程序。系统管理程序的功能是管理整个PLC，让内部各个电路能有条不紊地工作。指令解释程序的功能是将用户编写的程序翻译成 CPU 可以识别和执行的程序。

用户程序是用户通过编程器输入存储器的程序，为了方便调试和修改，用户程序通常存放在 RAM 中，由于断电后 RAM 中的程序会丢失，因此 RAM 专门配有后备电池供电。有些 PLC 采用 EEPROM（电可擦写只读存储器）来存储用户程序，由于 EEPROM 存储器中的内部可用电信号进行擦写，并且掉电后内容不会丢失，因此这种存储器可不配备用电池。

3. 输入/输出接口

输入（Input）接口和输出（Output）接口简称为 I/O 接口或 I/O 模块，是 CPU 的眼、耳、手、脚。PLC 通过输入接口检测输入设备的状态，以此作为对输出设备控制的依据，同时 PLC 又通过输出接口对输出设备进行控制。

输入接口是 PLC 与生产过程相连的通道，用来接收和采集来自输入器件的各种信号。PLC 的输入接口分为开关量输入接口（Digital Input, DI）和模拟量输入接口（Analog Input, AI）。

开关量输入接口用来接收从按钮开关、选择开关、数字拨码开关、限位开关、接近开关、光电开关、压力继电器等过来的开关量输入信号。开关量输入接口采用的电路形式较多，根据使用电源不同，可分为内部交/直流输入接口和外部交/直流输入接口。

模拟量输入接口用来接收电位器、测速发电机和各种变送器提供的连续变化的模拟量电流、电压信号。通常采用 A/D 转换电路，将模拟量信号转换成数字信号。

输出接口的作用是将 CPU 执行用户程序所输出的 TTL 电平控制信号转化为生产现场所需的，能驱动特定设备的信号，以驱动执行机构的动作。PLC 的输出接口也分为开关量输出接口（Digital Output, DO）和模拟量输出接口（Analog Output, AO）。开关量输出接口用来控制接触器、电磁阀、电磁铁、指示灯、数字显示装置和报警装置等输出设备。开关量输出接口采用的电路形式较多，根据使用的输出开关器件不同可分为继电器输出接口（RLY）、晶体管输出接口（DC）和双向晶闸管输出接口（SSR）。继电器输出接口可驱动交流或直流负载，但其响应时间长，动作频率低。晶体管输出接口反应速度快，动作频率高，但只能用于驱动直流负载。双向晶闸管输出接口的响应速度快，动作频率高,用于驱动交流负载。

模拟量输出接口用来控制调节阀、变频器等执行装置。模拟量输出接口通常采用 D/A 转换电路,将数字量信号转换成模拟量信号。

I/O 接口除了传递信号外,还有电平转换与隔离的作用。CPU 模块的工作电压一般是 5 V,而 PLC 的输入/输出信号电压一般较高,如直流 24 V 和交流 220 V。从外部引入的尖峰电压和干扰噪声可能损坏 CPU 模块中的元器件,或使 PLC 不能正常工作。因此,一般用光耦合器、光电晶闸管、小型继电器等元器件来隔离 PLC 的内部电路和外部的 I/O 电路。此外,为了便于了解 I/O 接口的工作状态,I/O 接口还带有状态指示灯。

PLC 的 I/O 接口能接收的输入和输出信号个数称为 PLC 的 I/O 点数。I/O 点数是选择 PLC 的重要参数之一。

4.电源

PLC 一般使用220 V 交流电源或24 V 直流电源。PLC 内部配有一个专用开关式稳压电源,将交流/直流供电电源转化为 PLC 内部电路需要的工作电源(直流 5 V、±12 V、24 V),并为外部输入元件(如接近开关)提供 24 V 直流电源(仅供输入端点使用)。驱动 PLC 负载的电源由用户提供。

5.通信接口

PLC 配有通信接口,PLC 可通过通信接口与监视器、打印机、其他 PLC、计算机等设备实现通信。PLC 与编程器或写入器连接,可以接收编程器或写入器输入的程序;PLC 与打印机连接,可将过程信息、系统参数等打印出来;PLC 与人机界面(如触摸屏)连接,可以在人机界面直接操作 PLC 或监视 PLC 工作状态;PLC 与其他 PLC 连接,可组成多机系统或连成网络,实现更大规模控制;PLC 与计算机连接,可组成多级分布式控制系统,实现控制与管理相结合。

6.扩展接口

为了提升 PLC 的性能,增强 PLC 控制功能,可以通过扩展接口给 PLC 增接一些专用功能模块,如高速计数模块、闭环控制模块、运动控制模块、中断控制模块等。

引导问题3:了解 PLC 的工作原理。

PLC 是以执行一种分时操作、循环扫描的工作方式工作的。每一个扫描工作过程分为输入采样、程序执行、输出刷新三个阶段,如图 7-6-3 所示。

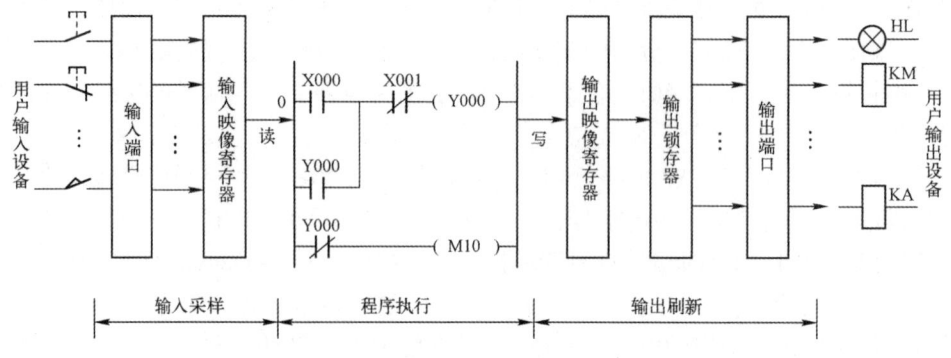

图 7-6-3 PLC 的周期性循环扫描工作过程

1.输入采样

在输入采样阶段,PLC 接通电源后,首先进行自检,其次访问输入接口电路,将从输入端子来的 ON/OFF 信号读入输入映像寄存器中。这个工作周期称为输入信号采样处理阶段。在该工作周期内，采样的结果会改变，且这个采样结果将在 PLC 执行程序时被使用。

2.程序执行

PLC 接到执行程序命令后，从输入映像寄存器和其他软件数据存储器中读出各元件的数值状态，按程序顺序，从左到右、从上到下逐条扫描每条指令，进行逻辑运算处理，并将程序执行的结果写入输出映像寄存器中。

3.输出刷新

在输出刷新阶段，PLC 接到结束命令时，CPU 从输出映像寄存器中读取继电器的状态，并将其送到输出接口电路，经输出端子驱动外部负载动作，然后又返回访问输入接口电路，刷新输入映像寄存器的存储内容再执行程序、再输出、再刷新。

PLC 就是以这种周期循环扫描、集中采样、集中输出的方式工作的。扫描一周所需的时间称为一个扫描周期。扫描周期的长短由执行指令所需的时间以及用户程序所含指令步数的多少决定。

🔷引导问题 4：了解 PLC 的特点。

1.可靠性高，抗干扰能力强

为满足工业生产对控制设备安全性与可靠性的要求，PLC 采用了微电子技术，大量的开关动作是由无触点的半导体电路来完成的，在结构上充分考虑了工业生产环境下温度、湿度、粉尘、振动等方面的影响；在硬件上采用了隔离、滤波、屏蔽、接地等抗干扰措施；在软件上采用了故障诊断、数据保护等措施。这些技术使得 PLC 具有较高的抗干扰能力。目前 PLC 的平均无故障时间都远超国际电工委员会(International Electrotechnical Commission,IEC)规定的 10 万 h，有的甚至达到了几十万小时。

2.通用灵活

PLC 产品已经序列化生产，结构形式多种多样，在机型选择上有很大的余地。另外，PLC 及外围模块品种多，用户可以根据不同任务的要求，选择不同的组件灵活组合成具有不同硬件结构的控制装置。更重要的是，PLC 控制系统的主要功能是通过程序实现的，因此在需要改变设备的控制功能时，只需修改程序及少量的接线，工作量很小，而这是一般继电器控制系统很难做到的。

3.编程简单方便

PLC 应用程序的编制非常方便。编程可采用与继电器、接触器、控制电路等十分相似的梯形图语言，这种编程语言形象直观，容易掌握，即使没有计算机知识的人也很容易掌握。而顺序功能图(Sequential Function Chart,SFC)是一种结构块控制流程图，可使编程更加简单方便。

4.功能完善，扩展能力强

PLC 的输入/输出系统功能完善，性能可靠，能够适应各种形式和性质的开关量和模拟量的输入/输出。PLC 的功能单元能方便地实现 D/A、A/D 转换以及 PID 运算，实现过程控制、数字控制等功能。它还可以和其他计算机系统、控制设备共同组成分布式或分散式控制系统，能够很好地满足各种控制的需要。

5.设计、施工、调试的周期短,维护方便

继电器、接触器、控制系统中的中间继电器、时间继电器、计数器等电器元件,在PLC控制系统中是以"软元件"形式出现的,并且又用程序代替了硬接线,因此安装接线工作量少;工作人员也可提前根据具体的控制要求在PLC到货之前进行编程,大大地缩短了施工工期。PLC体积小、重量轻,便于安装。PLC具有完善的自诊断及监视等功能,对于其内部的工作状态、通信状态、I/O点状态、异常状态和电源状态都有显示。工作人员通过它可以查出故障原因,便于迅速处理。

 引导问题5:了解西门子S7-1200型PLC硬件结构。

目前全世界有上百家PLC制造厂商,其中著名的有美国的A-B(Allen-Bradley)公司、罗克韦尔(Rockwell)公司、德国的西门子(Siemens)公司、法国的施耐德(Schneider)自动化公司、日本的三菱(Mitsubishi)公司和欧姆龙(OMRON)公司等。我国也有不少厂家研制和生产PLC,如台达、永宏、和利时、易达、德维森、汇川和信捷等。

下面我们以西门子S7-1200型为例介绍PLC的硬件结构。如图7-6-4所示,西门子S7-1200型PLC主要由CPU模块、通信模块(CM)、信号模块(SM)和信号板(SB)组成,各种模块安装在标准DIN导轨上,还可根据项目需求灵活配置人机接口等外部设备。

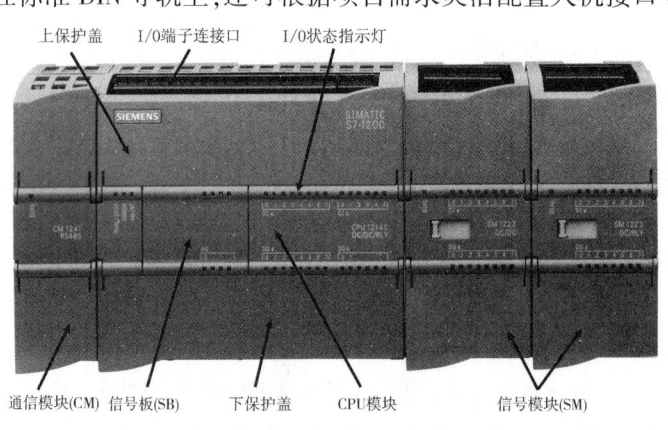

图7-6-4 西门子S7-1200型PLC硬件结构

1.CPU模块(Central Processing Unit)

CPU模块依据用户设定的逻辑关系,基于输入信号状态实现输出信号的控制,同时,CPU模块的LED灯可以显示集成I/O的工作状态。如图7-6-5所示,S7-1200的CPU模块以微处理器为逻辑运算核心,整合有电源接口、数字量输入/输出接口、模拟量输入/输出接口、PROFINET接口、信号板、存储卡插槽、CPU状态指示灯、I/O端口状态指示灯、PROFINET通信状态指示灯等。查询资料,将各部位名称标示在图7-6-5上。

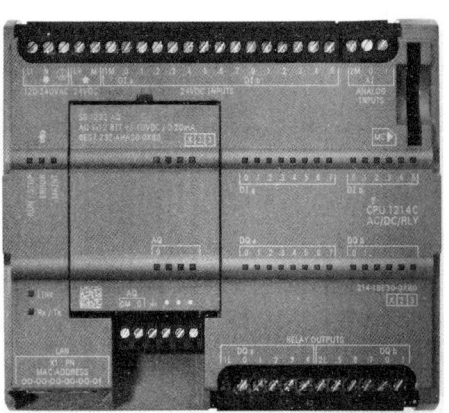

图 7-6-5　S7-1200 的 CPU 模块

西门子 S7-1200 型 PLC 的 CPU 模块有五款型号,分别为 CPU-1211C、CPU-1212C、CPU-1214C、CPU-1215C 和 CPU-1217C。每款 CPU 根据电源信号和输入/输出信号的类型有不同的型号,其本机自带数字量输入/输出点数亦有所差异,具体数据如表 7-6-2 所示。

表 7-6-2　西门子 S7-1200 CPU 型号的比较

型号	CPU-1211C	CPU-1212C	CPU-1214C	CPU-1215C	CPU-1217C
选件	DC/DC/DC、AC/DC/RLY、DC/DC/RLY 三种				DC/DC/DC
工作存储器,集成	50K	75K	100K	125K	150K
装载存储器,集成	1M	2M	4M	4M	4M
存储卡	SIMATIC 存储卡(可选)				
数字量输入/输出,集成	6/4	8/6	14/10	14/10	14/10
模拟量输入,集成	2	2	2	2	2
模拟量输出,集成	0	0	0	2	2
过程映像	1 024 字节用于输入,1 024 字节用于输出				
通过信号板进行扩展	最多1个	最多1个	最多1个	最多1个	最多1个
通过信号模块进行扩展	—	最多2个	最多8个	最多8个	最多8个
通过通信模块进行扩展	最多3个	最多3个	最多3个	最多3个	最多3个

在表 7-6-2 CPU 的选件中,有 DC/DC/DC、AC/DC/RLY、DC/DC/ RLY 几组字母,在 CPU 的面板上也标有同样标识(见图 7-6-5),查询资料,叙述以上三组字母代表的意义。

_____

_____

_____

_____

2.通信接口与通信模块(Communication Module,CM)

S7-1200 型的 CPU 模块提供了集成 PROFINET 接口,通过以太网通信协议 TCP/IP,可用于与编程软件 STEP7 的通信,以及与 SIMATIC HMI 精简系列面板通信,或与其他 PLC 通信。

PLC 的通信模块用于和其他 PLC、计算机或其他设备进行通信,交换数据,实现对控制系统的集成和扩展。如图 7-6-6 所示,通信模块在 CPU 左侧,最多可扩展 3 个通信模块,以增加 GPRS、PROFI-BUS、RSR232/RS485、AS-i 等通信能力。

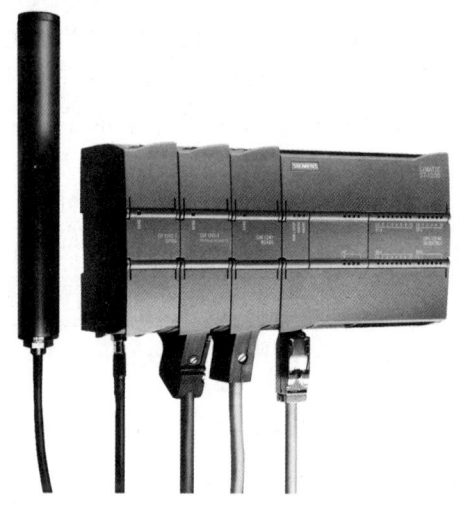

图 7-6-6　S7-1200 型 PLC 的通信接口与通信模块

3.信号模块(Signal Module,SM)与信号板(Signal Board,SB)

信号模块用于扩展 PLC 的输入和输出点数,可以使 CPU 增加附加功能,连接在 CPU 模块的右侧,如图 7-6-7(a)所示。

信号板是 S7-1200 型 PLC 特有的,可以在不增加硬件安装空间的前提下,给 CPU 模块增加输入和输出点数,每一个 CPU 模块都可以添加一个具有数字量或模拟量输入/输出的信号板。如图 7-6-7(b)所示,信号板安装在 CPU 的前端,信号板有可拆卸的端子,安装时将信号板直接插入 S7-1200 型 CPU 正面的槽内,可以很容易地更换。目前,信号板有多种型号,主要包括数字量输入、数字量输出、数字量输入/输出、模拟量输入和模拟量输出等类型。

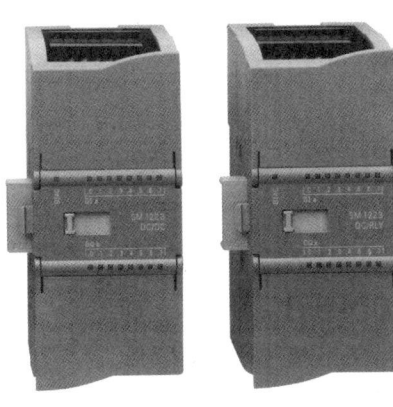

（a）S7-1200 型 PLC 信号模块　　　　　　　　　（b）S7-1200 型 PLC 信号板

图 7-6-7　S7-1200PLC 的信号模块以及信号板

4.PLC 的状态指示灯

西门子 S7-1200 型 CPU 上有三类状况指示灯（如图 7-6-5 所示），用于指示 CPU 模块的运行状态。指示灯运行状态如表 7-6-3 所示：

表 7-6-3　CPU 模块指示灯运行状态表

说明	STOP/RUN 黄色/绿色	ERROR 红色	MAINT 黄色
断电	灭	灭	灭
启动、自检或固件更新	闪烁 （黄色和绿色交替）	–	灭
停止模式	亮（黄色）	–	–
运行模式	亮（黄色）	–	–
取出存储卡	亮（黄色）	–	闪烁
错误	亮（黄色或绿色）	闪烁	
请求维护 ·强制 I/O ·需要更换电池（若已安装电池板）	亮（黄色或绿色）	–	亮
硬件故障	亮（黄色）	亮	灭
LED 测试或 CPU 固件故障	闪烁 （黄色和绿色交替）	闪烁	闪烁
CPU 组态版本未知或不兼容	亮（黄色）	闪烁	闪烁

此外，CPU 模块还提供了两个可指示 PROFINET 通信状态的指示灯（见图 7-6-5），Link（绿色）点亮指示连接成功，Rx/Tx（黄色）点亮指示传输活动。同时，每个数字量输入和输出接口也提供了 I/O Channel LED 指示灯，I/O Channel（绿色）通过点亮或熄灭来指示各输入或输出的状态。

各数字量信号模块还提供了指示模块状态的诊断指示灯。其中，绿色指示模块处于运行状态，红色指示模块有故障或处于非运行状态。

各模拟量信号模块为各路模拟量输入和输出提供了 I/O 状态指示灯，绿色指示通道已组态且处于激活状态,红色指示个别模拟量输入或输出处于错误状态。此外,各模拟量信号模块还提供有指示模块状态的诊断指示灯,绿色指示模块处于运行状态,而红色指示模块有故障或处于非运行状态。

引导问题 6:SIMATIC S7-1200 型的安装与接线

1.PLC 的安装

S7-1200 型 PLC 尺寸较小,易于安装,可以有效地利用空间。

安装时应注意以下几点:

(1)可以将 S7-1200 型 PLC 水平或垂直安装在面板或标准导轨上;

(2)S7-1200 型 PLC 采用自然冷却方式,因此要确保其安装位置的上、下部分与邻近的设备之间至少留出 25 mm 的空间,并且 S7-1200 型 PLC 与控制柜外壳之间的距离至少为 25 mm(如图 7-6-8 所示);

(3)当采用垂直安装方式时,其允许的最大环境温度要比水平安装方式降低 10 ℃,此时要确保 CPU 被安装在最下面。

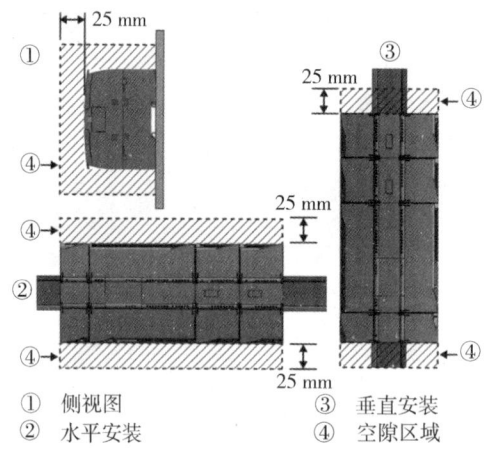

① 侧视图　　　　　③ 垂直安装
② 水平安装　　　　④ 空隙区域

图 7-6-8　S7-1200 PLC 系统布局示意图

如图 7-6-9 所示,每个 CPU、SM、CM 和 CP 都支持 DIN 导轨安装或面板安装。DIN 导轨安装可以使用设备上的 DIN 导轨卡夹将设备固定到导轨上。面板安装需要将卡夹掰出到伸出位置,卡夹内部开有一 4.3 mm 的螺钉孔,可以用螺钉将设备直接安装到面板上。

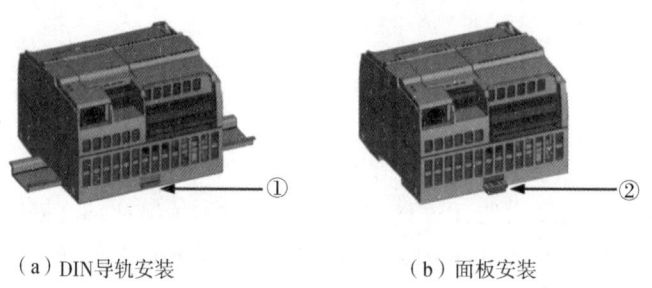

（a）DIN导轨安装　　　　　（b）面板安装

图 7-6-9　CPU 模块的两种安装方式

注意:在安装或拆卸任何电气设备之前需确保已关闭相应设备的电源。

2.SIMATIC S7-1200 型 CPU 的外部接线

S7-1200 系列 PLC 除了 1217C 型以外,每一类型的 CPU 均有三种不同版本,由于其接线方法基本相似,下面以 CPU-1214C 为例,图 7-6-10 至图 7-6-12 是 CPU-1214C 的三种外部接线图。PLC 的工作电源有交流 220 V 和直流 24 V 两种工作方式,三种版本的 PLC 都可提供 24V 的 DC 传感器电源输出。要获得更好的抗噪声效果,即使未使用传感器电源,也可将公共端 M 连接到机壳接地。对于漏型(Sink)输入,将电源负极"-"连接到 M;对于源型(Source)输入,将电源正极"+"连接到 M。漏型和源型一般针对的是晶体管电路而言的。从字面上的意思就可以理解,漏型指的是信号漏掉即信号的流出,而源型刚好相反,指的是信号的流入。既然是根据信号的流入或者流出来判断,那么就需要一个参考点,判断电流是从这个参考点流入还是流出,不同的 PLC 对于使用的这个参考点是不一样的。

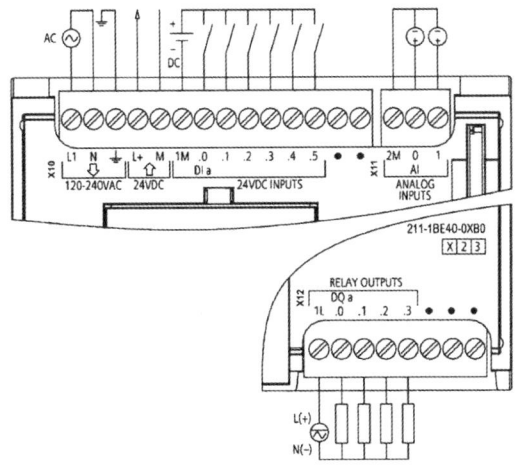

图 7-6-10　CPU-1214C AC/DC/RLY

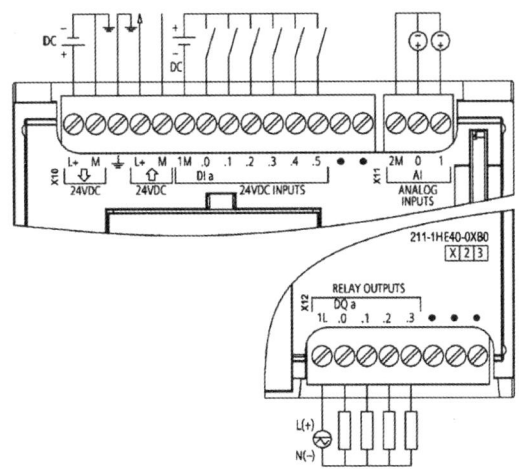

图 7-6-11　CPU-1214C DC/DC/RLY

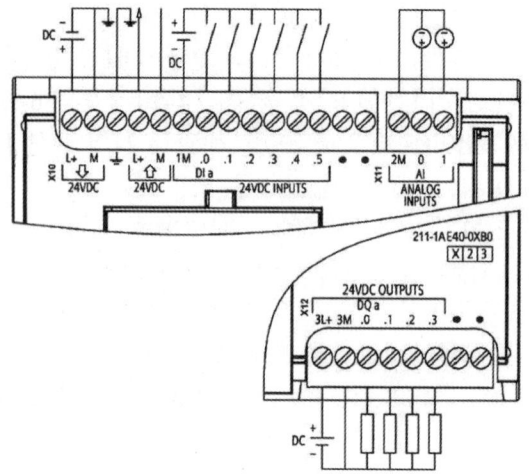

图 7-6-12　CPU-1214C DC/DC/DC

　　三菱 PLC 信号输入的接线过程是以输入点 X 作为参考点的,以信号从这个输入点(X 点)是流入还是流出,来判断 PLC 是采用源型接法还是漏型接法,信号从 X 点流出称为漏型接法。而在西门子 PLC 中以公共输入端 M 作为参考点,以信号从输入信号端的公共端(M 点)流出,称为漏型接法。这也是为什么会出现在三菱 PLC 中采用的源型接法,而在西门子 PLC 中却称为漏型接法的原因。

二、活动实施

　　1.制定工作方案(如表 7-6-4 所示)

表 7-6-4　工作方案

步骤	工作内容	负责人

2.列出仪表、工具、耗材和器材清单(如表7-6-5所示)

表7-6-5　仪表、工具、耗材和器材清单

序号	名称	型号和规格	单位	数量	备注

3.按照本组制定的工作方案实施 PLC 硬件的认知

(1)领取仪表、工具、耗材和器材;

(2)检查仪表、工具、耗材和器材;

(3)按照制定的工作方案实施 PLC 硬件的认知。

4.考核标准

(1)能说出 PLC 控制系统相比于继电器型控制系统的优点;

(2)能说出 PLC 的基本组成;

(3)能说出西门子 S7-1200 型 PLC 各组成模块及作用;

(4)能说出西门子 S7-1200 型 PLC 的 CPU 模块各端口名称及作用。

三、评价反馈

各组代表展示作品,介绍任务的完成过程。作品展示前应准备阐述材料,并完成评价表 7-6-6、表 7-6-7、表 7-6-8。

表 7-6-6 学生自评表

班级		组名		日期		
评价指标		评价要素			分值	得分
信息检索		能有效利用网络资源、工作手册查找有效信息;能用自己的语言有条理地去解释、表述所学知识;能将查找的信息有效转化到工作中			10	
感知工作		能否熟悉各自的工作岗位,认同工作价值;在工作中,是否获得满足感			10	
参与状态		与教师、同学之间是否相互尊重、理解、平等;与教师、同学之间是否能够保持多向、丰富、适宜的信息交流			10	
		探究学习、自主学习不流于形式,处理好合作学习和独立思考的关系,做到有效学习;能提出有意义的问题或能发表个人见解;能按要求正确操作;能够倾听、协作、分享			10	
学习方法		工作计划、操作技能是否符合规范要求;是否获得了进一步发展的能力			10	
工作过程		遵守管理规程,操作过程符合现场管理要求;平时上课的出勤情况和每天完成工作任务情况;善于多角度思考问题,能主动发现、提出有价值的问题			15	
思维状态		是否能发现问题、提出问题、分析问题、解决问题			10	
自评反馈		按时按质完成工作任务;较好地掌握专业知识点;具有较强的信息分析能力和理解能力;具有较为全面严谨的思维能力并能条理清晰地表述成文			25	
		自评分数				
有益的经验和做法						
总结反思建议						

表 7-6-7 小组评价表

序号	评价项目	分值	小组评价					平均值
1	任务是否按时完成	20						
2	材料完成上交情况	10						
3	任务完成质量	30						
4	语言表达能力	15						
5	小组成员合作面貌	15						
6	创新点	10						

表 7-6-8　综合评价表

项目名称	评价内容	分值	评价分数		任务总评
			自评	师评	
职业素养考核项目 40%	穿戴规范、整洁	6			
	安全意识,责任意识,服从意识	6			
	积极参加教学活动,按时完成学生工作活页规定的任务	10			
	团队合作,与人交流能力	6			
	劳动纪律	6			
	生产现场管理 6S 标准	6			
专业核心能力考核项目 60%	专业知识查找及时、准确	12			
	操作符合规范	18			
	操作熟练度,工作效率	12			
	完工质量	18			

注:评价档次统一采用 A(优秀)、B(良好)、C(合格)、D(努力)4 个。

学习活动二　认识 PLC 编程软件与基本指令

一、活动前准备

🔶 **引导问题 1:认识 TIA 博途软件。**

PLC 编程软件是一种针对可编程逻辑控制器(PLC)的开发和编程工具。不同品牌的 PLC 有不同的编程软件,并且不同品牌 PLC 之间的编程软件一般是不能互用的。

1.TIA 博途简介

全集成自动化软件 TIA portal,简称"博途",是西门子工业自动化集团发布的一款全新的全集成自动化软件。它是业内首个采用统一的工程组态和软件项目环境的自动化软件,几乎适用于所有自动化任务。借助该全新的工程技术软件平台,用户能够快速、直观地开发和调试自动化系统,可对西门子全集成自动化中所涉及的所有自动化和驱动产品进行组态、编程和调试。

2.软件组成

博途软件包含如下软件系统:

①SIMATIC STEP 7:用于控制器(PLC)与分布式设备的组态和编程。

②SIMATIC WinCC:用于人机界面(HMI)的组态。

③SIMATIC Safety:用于安全控制器(Safety PLC)的组态和编程。

④SINAMICS Startdrive:用于驱动设备的组态与配置。

⑤SIMOTION Scout:用于运动控制的配置、编程与调试。

在 SIMATIC STEP 7 中,有两个版本:SIMATIC STEP 7 Basic(基本版)和 SIMATIC

STEP 7 Professional(专业版),基本版只能对 S7-1200 系列 PLC 进行编程组态,而专业版可以对 S7-1200/1500、S7-300/400 及 WinAC 进行组态、编程和调试。用户可以根据不同的项目硬件要求来选择相应的版本。

3.软件安装要求

如果安装博途软件,为了保证软件流畅运行,推荐的计算机硬件的最低配置如下:处理器主频为 2.3 GHz,内存为 8 GB,硬盘有 20 GB 的可用空间,屏幕分辨率为 1 024×768 像素。建议的 PC 硬件如下:处理器主频为 3.4 GHz,内存为 16 GB 或更多,硬盘至少有 50 GB 可用空间,屏幕分辨率为 1 920×1 080 像素或更高。TIA 博途 V15 SP1 要求的计算机操作系统为非家用版的 64 位的 Windows 7、SP1、非家用版的 64 位的 Windows 10 和某些 Windows 服务器。

SIMATIC 绝大部分实训室已安装好本套软件。TIA 博途的下载与安装教程,这里不再介绍,有需要的读者,请扫描 191 页右侧二维码查看。

引导问题 2:认识 TIA 博途软件的视窗。

本书使用 SIMATIC STEP 7 Professional V13 对 S7-1200 PLC 进行编程。SIMATIC STEP 7 Professional V13 为用户提供两种视图:Portal 视图和项目视图。用户可以在两种不同的视图中选择一种最适合的视图,两种视图可以相互切换。

1.Portal 视图

Portal 视图如图 7-6-13 所示,在 Portal(门户)视图中可以概览自动化项目的所有任务。初学者可以借助面向任务的用户指南(类似于向导操作,可以一步一步进行相应的选择),以及最适合其自动化任务的编辑器来进行工程组态。

选择不同的"入口任务"可处理启动设备与网络、PLC 编程、运动控制、可视化、在线和诊断等各种工程任务。在已经选择的任务入口中可以找到相应的操作,例如选择"启动"任务后,可以进行"打开现有项目""创建新项目""移植项目""关闭项目"等操作。"与已选操作相关的列表"显示的内容与所选的操作相匹配,例如选择"打开现有项目"后,列表将显示最近使用的项目,可以从中选择打开。

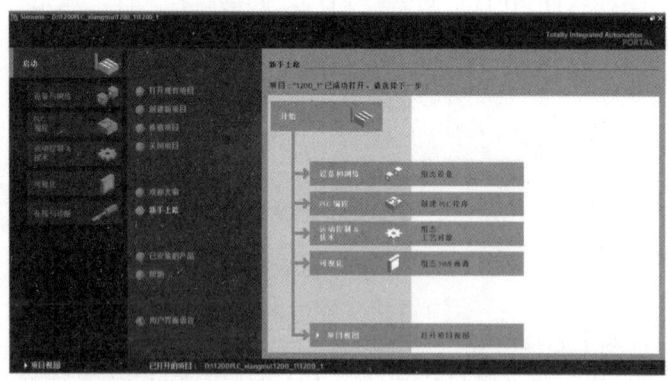

图 7-6-13　Portal 视图

2.项目视图

如图 7-6-14 所示,项目视图是项目中所有组件的分层结构化视图。项目视图允许快速且直观地访问项目中的所有对象、相关工作区和编辑器。使用提供的编辑器,可以创建和编辑项目中需要的所有对象。本书主要采用项目视图。

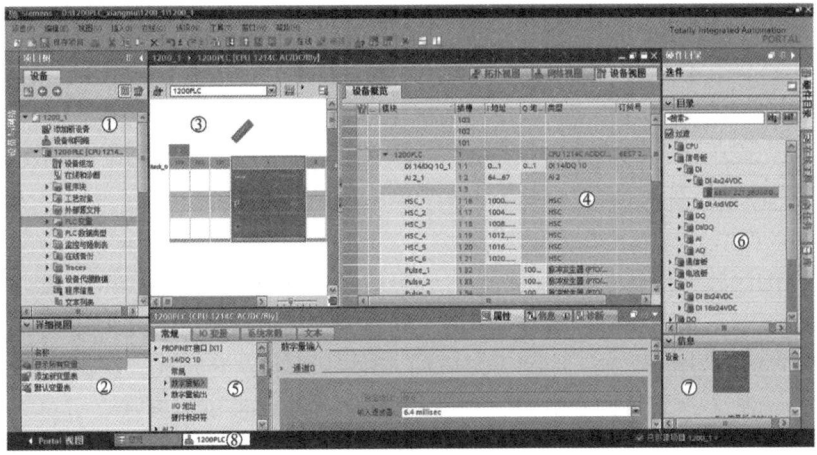

图 7-6-14　项目视图

项目视图类似于 Windows 界面,包括项目树、详细视图、工作区、巡视窗口、编辑器栏、任务卡等。

(1)项目树

项目视图的左侧为项目树(或项目浏览器),即标有①的区域,可以用项目树访问所有设备和项目数据,添加新的设备,编辑已有的设备,打开处理项目数据的编辑器。

可以通过单击项目树右上角的 ◀ 和 ▶ 按钮,隐藏和显示项目树和详细视图。可以用类似的方法隐藏和显示右边有⑥的任务卡。将鼠标的光标放到两个显示窗口的交界处,出现带双向箭头的光标时,按住鼠标的左键移动鼠标,可以移动分界线,以调节分界线两边的窗口大小。

(2)详细视图

项目树窗口下面标有②的区域是详细视图,详细视图显示项目树被选中的对象下一级的内容。图 7-6-14 中的详细视图显示的是项目树的"PLC 变量"文件夹中的内容。详细视图中若为已打开项目中的变量,可以将此变量直接拖放到梯形图中。

单击详细视图左上角的 ∨ 按钮,详细视图被关闭,只剩下紧靠最下端"Portal 视图"的标题,标题左边的按钮变为 ❯ 。单击该按钮将重新显示详细视图。可以用类似的方法显示和隐藏标有⑤的巡视窗口和标有⑦的信息窗口。

(3)工作区

标有③的区域为工作区,可以同时打开几个编辑器,但是一般只在工作区显示一个当前打开的编辑器。打开的编辑器在最下面标有⑧的编辑器栏中显示。没有打开编辑器时,工作区是空的。

单击工具栏上的 ▬ 、▮▮ 按钮,可以垂直或水平拆分工作区,同时显示两个编辑器在工作区同时打开程序编辑器和设备视图,将设备视图中的 CPU 放大到200%以上,可以将 CPU 上的 I/O 点拖放到程序编辑器中指令的地址域,这样不仅能快速设置指令的地址,还能在 PLC 变量表中创建相应的条目。也可以用上述方法将 CPU 上的 I/O 点拖放到 PLC 变量中。单击工作区右上角上的 ▭ 按钮,将工作区最大化,将会关闭其他所有的窗口。最大化工作区后,单击工作区右上角的 按钮,工作区将恢复原状。

图 7-6-14 的工作区显示的是硬件与程序编辑器的"设备视图"选项卡,可以组态硬件。选中"网络视图"选项卡,将打开网络视图。

将硬件列表中需要的设备或模块拖放到工作区的设备视图和网络视图中显示设备视图或网络视图时,标有④的区域为设备概览区或网络概览区

(4)巡视窗口

标有⑤的区域为巡视窗口,用来显示选中的工作区中的对象附加的信息,还可以用巡视窗口来设置对象的属性。巡视窗口有"属性""信息"和"诊断"3 个选项卡。

"属性"选项卡用来显示和修改选中的工作区中的对象的属性。左边窗口是浏览窗口选中其中的某个参数组,在右边窗口显示和编辑相应的信息或参数。

"信息"选项卡显示已所选对象和操作的详细信息,以及编译的报警信息。

"诊断"选项卡显示系统诊断事件和组态的报警事件。

(5)编辑器栏

巡视窗口下面标有⑧的区域是编辑器栏,显示打开的所有编辑器,可以用编辑器栏在打开的编辑器之间快速地切换。

(6)任务卡

标有⑥的区域为任务卡,任务卡的功能与编辑器有关,可以通过任务卡进行进一步的或附加的操作,例如从库或硬件目录中选择对象,搜索与替换项目中的对象,将预定义的对象拖放到工作区。

可以用任务卡最右边竖条上的按钮来切换显示的内容。图 7-6-14 中的任务卡显示的是硬件目录,任务卡的下面标有⑦的区域是选中的硬件对象的信息窗口,包括对象的图形、名称、版本号、订货号和简要的描述。

引导问题 3:认识 PLC 的编程语言。

PLC 的编程语言标准(IEC 61131-3)中有 5 种编程语言:梯形图(Ladder Diagram, LAD)、顺序功能图(Sequential Function Chart)、功能块图(Function Block Diagram, FBD)、指令表(Instruction List)以及结构文本(Structured Text)。其中,梯形图以其直观、形象、实用、简单等特点为广大用户所熟悉和掌握。S7-1200 编程语言只有梯形图和功能块图两种语言。

1.梯形图

梯形图(LAD)由原接触器、继电器构成的电气控制系统二次展开图演变而来,与电气控制系统的电路图相呼应,融逻辑操作、控制于一体,是面向对象的、实时的、图形化的编程语言,特别适合于数字量逻辑控制,是应用最多的 PLC 编程语言,但不适用于编写大型控制程序。

梯形图由触点、线圈或功能方框等基本编程元素构成。左、右垂线类似继电器控制图的电源线,称为左、右母线(Bus Bar)。左母线可看成能量提供者,触点闭合则能量通过,触点断开则能量阻断。这种能量流,也称"能流"(Power Flow)。来自"能源"的"能流"通过一系列逻辑控制条件,根据运算结果决定逻辑输出。

触点:代表逻辑控制条件,有常开—┤├—和常闭—┤/├—两种形式。

线圈:代表逻辑"输出"结果,"能流"流到时,该线圈被激励,也有常开—( )—与常闭

—(/)—两种形式。

方框:代表某种特定功能的指令,"能流"通过方框,则执行其动能,如定时、计数、数据运算等。

S7-1200 的梯形图中省略了右母线,如图 7-6-15 中的 I0.4 触点接通,有"能流"流过 Q0.2 的线圈,Q0.2 所驱动的红灯会亮。利用"能流"这一概念,可以帮助我们更好地理解和分析梯形图。"能流"只能从上至下、从左向右流动。左侧总是安排输入触点,并且把并联触点多的支路靠近最左端。输入触点不论是外部的按钮、行程开关,还是继电器触点,在图形符号上只用常开—┤├—和常闭—┤/├—两种表示方式,输出线圈用圆形或椭圆形表示。

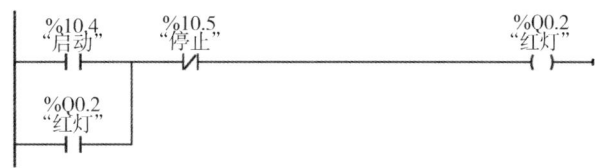

图 7-6-15　梯形图

2.功能块图

功能块图(FBD)是一种类似于数字逻辑门电路的编程语言,有数字电路基础的人很容易掌握。该编程语言用类似与门、或门的方框来表示逻辑运算关系,方框的左侧为逻辑运算的输入变量,右侧为输出变量,输入、输出端的小圆圈表示"非"运算,方框被"导线"连接在一起,信号自左向右流动。图 7-6-16 功能块图中的控制逻辑与图 7-6-15 中的相同。

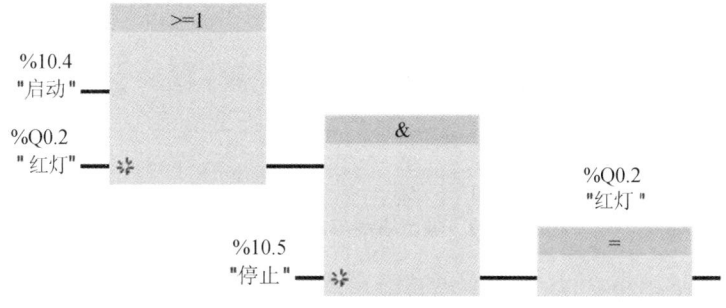

图 7-6-16　功能块图

引导问题 4:认识 PLC 的位逻辑指令。

S7-1200 型 PLC 的指令从功能上大致可分为三类:基本指令、扩展指令和全局库指令。基本指令包括位逻辑指令、定时器、计数器、比较指令、数学运算指令、移动指令、转换指令、程序控制指令、逻辑运算指令以及移位和循环移位指令等。

位逻辑指令是 PLC 编程中最基本、使用最频繁的指令。位逻辑指令可以分为基本位逻辑指令、置位/复位指令、上升沿/下降沿检测指令。

1.基本位逻辑指令

基本位逻辑指令包括常开触点、常闭触点、逻辑取反、输出线圈和反向输出线圈。

(1)常开触点与常闭触点

触点指令符号如图 7-6-17 所示。

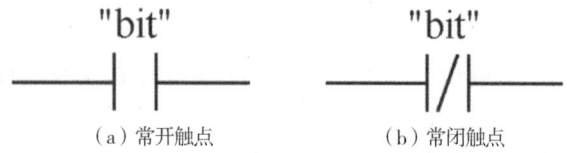

（a）常开触点   （b）常闭触点

图 7-6-17　常开触点与常闭触点

触点分为常开触点和常闭触点,常开触点在指定的位为 1 状态（ON）时闭合,为 0 状态（OFF）时断开;常闭触点在指定的位为 1 状态（ON）时断开,为 0 状态（OFF）时闭合。触点符号中间的"/"表示常闭,触点指令中变量的数据类型为位（BOOL）型,在编程时触点可以并联和串联使用,但不能放在梯形图的最后。

即指令执行时,CPU 从指定的位读取位数据。当该位数据为 0 时,常开触点断开,常闭触点闭合;当该位数据为 1 时,常开触点闭合,常闭触点断开。

（2）逻辑取反

逻辑取反指令符号如图 7-6-18 所示,NOT 触点用来转换能流流入的逻辑状态。如果没有能流流入 NOT 触点,则有能流流出。如果有能流流入 NOT 触点,则没有能流流出。

图 7-6-18　逻辑取反

（3）输出线圈与反向输出线圈

线圈指令符号如图 7-6-19 所示。

（a）输出线圈   （b）反向输出线圈

图 7-6-19　输出线圈与反向输出线圈

线圈指令为输出指令,是将线圈的状态写入到指定的地址。驱动线圈的触点电路接通时,线圈流过"能流"指定位对应的映像寄存器为 1,反之则为 0。如果是 0 区地址,CPU 将输出的值传送给对应的过程映像输出,PLC 在 RUN（运行）模式时,接通或断开连接到相应输出点的负载。输出线圈指令可以放在梯形图的任意位置,变量类型为 BOOL 型。输出线圈指令既可以多个串联使用,也可以多个并联使用。建议初学时将输出线圈单独或并联使用,并且放在每个电路的最后,即梯形图的最右侧。

反向输出线圈中间有"/"符号,如果有能流经过反向线圈,则输出位为 0 状态,其常开触点断开,反之输出位为 1 状态,其常开触点闭合。

2.置位/复位指令

置位和复位指令包括置位线圈、复位线圈、置位位域、复位位域、复位优先触发器 SR、置位优先触发器 RS。

（1）置位线圈与复位线圈

置位线圈指令符号如图 7-6-20（a）所示，复位线圈指令符号如图 7-6-20（b）所示，bit 为 BOOL 型变量。只要有能流流入，就执行置位线圈或复位线圈指令。

指令功能：执行置位线圈指令时，指令操作数 bit 指定的地址被置位为"1"且保持置位后，即使能流断开，仍保持置位。执行复位线圈指令时，指令操作数 bit 指定的地址被复位为"0"且保持，复位后，即使能流断开，仍保持复位。

$$—(S)—\qquad —(R)—$$

（a）置位线圈　　　　（b）复位线圈

图 7-6-20　置位线圈与复位线圈

（2）置位位域与复位位域

置位位域指令符号如图 7-6-21（a）所示，复位位域指令符号如图 7-6-21（b）所示。指令功能：执行置位位域指令时，把从指令操作数 bit 指定的地址开始的 n 个数据位被置位为"1"，置位后，即使能流断开，仍保持置位。执行复位位域指令时，把从指令操作数 bit 指定的地址开始的 n 个数据位被复位为"0"，复位后，即使能流断开，仍保持复位。

$$—(SET\_BF)—\qquad —(RESET\_BF)—$$

（a）置位位域　　　　（b）复位位域

图 7-6-21　置位位域与复位位域

（3）复位优先触发器 SR 与置位优先触发器 RS

触发器指令也可以实现置位或复位功能，SR 指令为复位优先触发器，指令符号如图 7-6-22（a）所示；RS 指令为置位优先触发器，指令符号如图 7-6-22（b）所示，其中 S、S1 为置位信号，R1、R 为复位信号，1 表示优先。

SR 指令的功能：当置位、复位信号都为 0 时，输出保持原状态不变；当复位信号为 1 时，输出被设置为 0；当置位信号为 1 时，输出被设置为 1；当置位和复位信号同时为 1 时，输出为 0。

RS 指令的功能：当置位、复位信号都为 0 时，输出保持原状态不变；当复位信号为 1 时，输出被设置为 0；当置位信号为 1 时，输出被设置为 1；当置位和复位信号同时为 1 时，输出为 1。

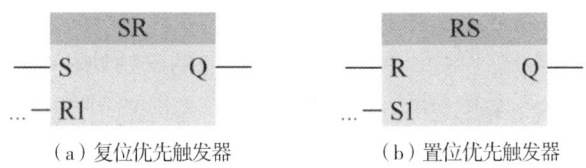

（a）复位优先触发器　　　　（b）置位优先触发器

图 7-6-22　复位优先触发器与置位优先触发器

3.上升沿/下降沿检测指令

在上升沿/下降沿检测指令中，P 代表上升沿指令、N 代表下降沿指令，包括扫描操作数信号的上升沿/下降沿指令、在信号的上升沿/下降沿置位操作数指令、P 触发器指令与 N 触发器指令、检测信号上升沿/下降沿指令四类指令。

（1）扫描操作数信号的上升沿/下降沿指令

扫描操作数信号的上升沿指令符号如图7-6-23（a）所示。指令功能：当检测到bit处的位数据值由"0"变"1"正跳变时，该触点接通一个扫描周期。

扫描操作数信号的下降沿指令符号如图7-6-23（b）所示。指令功能：当N触点指令检测到bit处的位数据值由"1"变"0"负跳变时，该触点接通一个扫描周期。其中bit、M-bit处均为布尔型变量，M-bit为边沿存储位，用来存储上一个扫描周期操作数bit的状态。

——|P|——　　　　　——|N|——

（a）P触点　　　　　（b）N触点

图7-6-23　扫描操作数信号的上升沿/下降沿指令

（2）在信号的上升沿/下降沿置位操作数指令

在信号的上升沿置位操作数指令符号如图7-6-24（a）所示。指令功能：当检测到逻辑运算结果（RLO）从"0"变为"1"时，则将指定位bit处的位数据值设置为"1"，只保持一个扫描周期。其余任何时刻，bit位都为0。

在信号的下降沿置位操作数指令符号如图7-6-24（b）所示。指令功能：当检测到逻辑运算结果（RLO）从"1"变为"0"时，则将指定位bit处的位数据值设置为"1"，只保持一个扫描周期。其余任何时刻，bit位都为0。其中bit处为BOOL型变量，指示检测其跳变沿的输出位。M-bit为BOOL型变量是边沿存储位，用于保存上一个扫描周期RLO的值。这两条指令可以放置在程序段中的任何位置。

——（P）——　　　　　——（N）——

（a）上升沿置位操作数指令　　　（b）下降沿置位操作数指令

图7-6-24　在信号的上升沿/下降沿置位操作数指令

（3）P触发器指令与N触发器指令

P触发器指令符号如图7-6-25（a）所示，N触发器指令符号如图7-6-25（b）所示。P触发器指令功能为当指令检测到CLK输入的逻辑状态由"0"变"1"正跳变时，在一个扫描周期内Q输出为"1"。N触发器指令功能为当指令检测到CLK输入的逻辑状态由"1"变"0"负跳变时，Q输出为"1"，保持一个扫描周期。M-bit为BOOL型变量，保存CLK端上一个扫描周期的状态。

需要注意：P触发器与N触发器不能放在程序段的开始处和结束处。

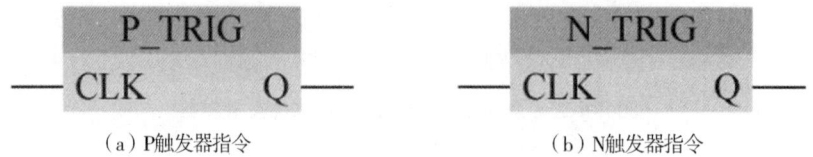

（a）P触发器指令　　　　　（b）N触发器指令

图7-6-25　P触发器指令与N触发器指令

（4）检测信号上升沿/下降沿指令

如图7-6-26所示，R_TRIG是检测信号上升沿指令，F_TRIG是检测信号下降沿指令。它们是函数块,在调用时应为它们指定背景数据块。这两条指令将输入 CLK 的当前状态与背景数据块中的边沿存储位保存的上一个扫描周期的 CLK 的状态进行比较。如果指令检测到 CLK 的上升沿或下降沿,将会通过 Q 端输出一个扫描周期的脉冲。

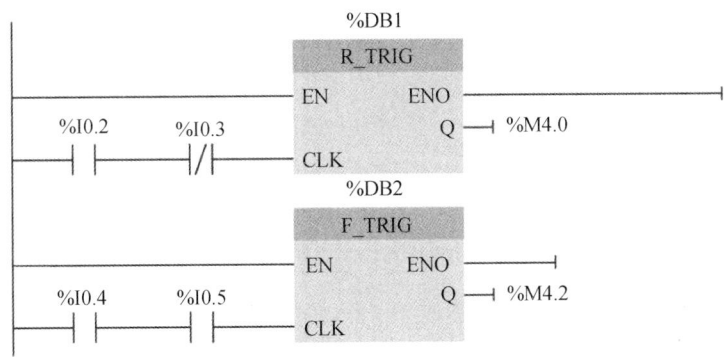

图 7-6-26　检测信号上升沿/下降沿指令的应用

二、活动实施

1.制定工作方案(工作方案如表7-6-9所示)

表 7-6-9　工作方案

步骤	工作内容	负责人

2.列出仪表、工具、耗材和器材清单(如表7-6-10所示)

表 7-6-10　仪表、工具、耗材和器材清单

序号	名称	型号和规格	单位	数量	备注

3.按照本组制定的工作方案实施 PLC 的编程软件与基本指令的认知

(1)领取仪表、工具、耗材和器材；

(2)检查仪表、工具、耗材和器材；

(3)按照制定的工作方案实施 PLC 的编程软件与基本指令的认知。

4.考核标准

(1)能说出 PLC 编程软件的基本视图；

(2)能说出 PLC 的编程语言有哪些；

(3)能说出 PLC 位逻辑指令有哪些。

三、 评价反馈

各组代表展示作品，介绍任务的完成过程。作品展示前应准备阐述材料，并完成评价表 7-6-11、表 7-6-12、表 7-6-13。

表 7-6-11　学生自评表

班级		组名		日期		
评价指标	评价要素				分值	得分
信息检索	能有效利用网络资源、工作手册查找有效信息；能用自己的语言有条理地去解释、表述所学知识；能将查找的信息有效转化到工作中				10	
感知工作	能否熟悉各自的工作岗位，认同工作价值；在工作中，是否获得满足感				10	
参与状态	与教师、同学之间是否相互尊重、理解、平等；与教师、同学之间是否能够保持多向、丰富、适宜的信息交流				10	
	探究学习、自主学习不流于形式，处理好合作学习和独立思考的关系，做到有效学习；能提出有意义的问题或能发表个人见解；能按要求正确操作；能够倾听、协作、分享				10	
学习方法	工作计划、操作技能是否符合规范要求；是否获得了进一步发展的能力				10	
工作过程	遵守管理规程，操作过程符合现场管理要求；平时上课的出勤情况和每天完成工作任务情况；善于多角度思考问题，能主动发现、提出有价值的问题				15	
思维状态	是否能发现问题、提出问题、分析问题、解决问题				10	
自评反馈	按时按质完成工作任务；较好地掌握专业知识点；具有较强的信息分析能力和理解能力；具有较为全面严谨的思维能力并能条理清晰地表述成文				25	
自评分数						
有益的经验和做法						
总结反思建议						

表 7-6-12　小组评价表

序号	评价项目	分值	小组评价				平均值
1	任务是否按时完成	20					
2	材料完成上交情况	10					
3	任务完成质量	30					
4	语言表达能力	15					
5	小组成员合作面貌	15					
6	创新点	10					

表 7-6-13　综合评价表

项目名称	评价内容	分值	评价分数		任务总评
			自评	师评	
职业素养考核项目 40%	穿戴规范、整洁	6			
	安全意识,责任意识,服从意识	6			
	积极参加教学活动,按时完成学生工作活页规定的任务	10			
	团队合作,与人交流能力	6			
	劳动纪律	6			
	生产现场管理 6S 标准	6			
专业核心能力考核项目 60%	专业知识查找及时、准确	12			
	操作符合规范	18			
	操作熟练度,工作效率	12			
	完工质量	18			

注:评价档次统一采用 A(优秀)、B(良好)、C(合格)、D(努力)4 个。

学习活动三　PLC 控制系统的设计与实现

一、活动前准备

◆引导问题 1：三相异步电动机的正反转控制。

画出三相异步电动机的正反转电气控制原理图,并说明其基本控制原理。

引导问题2：I/O 分配。

在 PLC 控制系统中,较为重要的是确定 PLC 的输入和输出元器件。对于初学者来说,经常搞不清哪些元器件应该作为 PLC 的输入,哪些元器件应该作为 PLC 的输出。其实很简单,只要记住一个原则即可:发出指令的元器件作为 PLC 的输入,如按钮、开关等;执行动作的元器件作为 PLC 的输出,如接触器、电磁阀、指示灯等。

根据本任务要求,按下正转起动按钮 SB1 时,交流接触器 KM1 线圈得电,KM1 主触点闭合,电动机正转起动并运行,接触器常开辅助触点 KM1 闭合自锁;松开正转起动按钮 SB1,电动机保持运行;按下停止按钮 SB3,交流接触器 KM1 线圈失电,电动机停止运行。同理,按下反转起动按钮 SB2 时,交流接触器 KM2 线圈得电,KM2 主触点闭合,电动机反转起动并运行,接触器常开辅助触点 KM2 闭合自锁;松开反转起动按钮 SB2,电动机保持运行;按下停止按钮 SB3,交流接触器 KM2 线圈失电,电动机停止运行。可以看出,发出起动指令的元器件是按钮 SB1、SB2,发出停止指令的元器件是按钮 SB3,则 SB1、SB2 和 SB3 作为 PLC 的输入元器件。通过交流接触器 KM1、KM2 的线圈得电、失电,其主触点闭合与断开,使得电动机运行或停止,则执行元器件为交流接触器 KM1、KM2 的线圈,即交流接触器 KM1、KM2 的线圈应作为 PLC 的输出元件。同时,因电动机正转时不能反转,反转时不能正转,除在程序中要设置互锁外,还须在 PLC 输出线路中设置电气互锁。

根据上述分析,电动机的 PLC 控制 I/O 分配如表 7-6-14 所示。

表 7-6-14　电动机的 PLC 控制 I/O 分配表

输入设备		输出设备	
SB1	I0.0	KM1	Q0.0
SB2	I0.1	KM2	Q0.1
SB3	I0.2	—	—

引导问题3：完成 PLC 的硬件接线。

根据引导问题1电路图和引导问题2分配的 I/O 地址,完成设备硬件接线。电动机的 PLC 控制的主电路如图 7-6-27(a)所示,I/O 接线图如图 7-6-27(b)所示。

注:如不特殊说明,本书均采用 CPU-1214 C(AC/DC/RLY)型西门子 S7-1200 型 PLC。

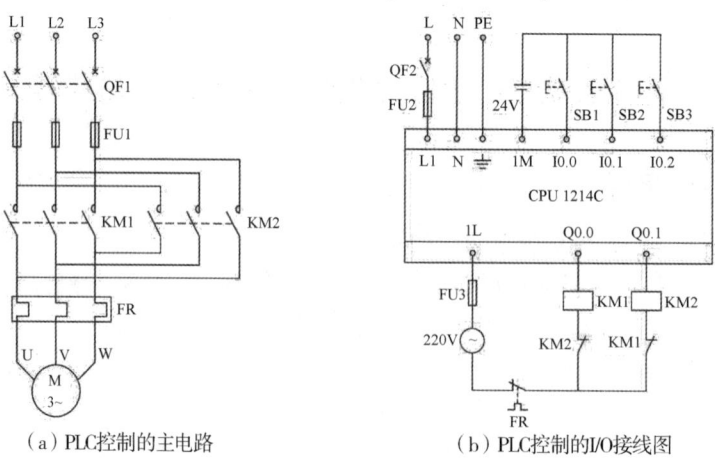

（a）PLC控制的主电路　　　　　（b）PLC控制的I/O接线图

图 7-6-27　正反转 PLC 控制接线图

🔷 引导问题4：创建工程项目。

1.创建项目

打开博途编程软件，在 Portal 视图中选择"创建新项目"输入项目名称"M_ZFlianxu"，选择项目保存路径，然后单击"创建"按钮创建项目完成。

2.硬件组态

选择"设备组态"选项，单击"添加新设备"，在"控制器"中选择 CPU-1214 C AC/DC/RLYV4.1 版本(用户必须选择与硬件一致的 CPU 型号及版本号)，双击选中的 CPU 型号或单击左下角的"添加"按钮，添加新设备成功。

3.编辑变量表

在软件较为复杂的控制系统中若使用的输入/输出点较多，在阅读程序时每个输入/输出点对应的元器件不易熟记，因此使用符号地址则会大大提高阅读和调试程序的便利。

打开项目树的"PLC 变量"文件夹，用鼠标双击其中的"添加新变量表"，在"PLC 变量"文件夹下生成一个新变量表，名称为"变量表_1[0]"，其中"0"表示目前变量表里没有变量。用鼠标双击打开新生成的变量表。在变量表的"名称"列输入变量的名称。单击"数据类型"列右侧隐藏的按钮，设置变量的数据类型(只能使用基本数据类型)，在此项目中，均为"BOOL"型。在"地址"列输入变量的绝对地址，"%"是自动添加的。用 PLC 变量表定义变量的符号地址，然后在用户程序中使用它们。也可以在变量表中修改自动生成的符号地址的名称。图 7-6-28 为正反转 PLC 控制变量表。

	名称	数据类型	地址	保持	可从 HMI 访问	在 HMI 可见	注释
1	正向起动SB1	Bool	%I0.0		☑	☑	
2	反向起动SB2	Bool	%I0.1		☑	☑	
3	停止 SB3	Bool	%I0.2		☑	☑	
4	正转KM1	Bool	%Q0.0		☑	☑	
5	反转KM2	Bool	%Q0.1		☑	☑	
6	<添加>				☑	☑	

图 7-6-28 正反转 PLC 控制变量表

4.编写程序

根据要求，使用起保停方法编写本案例如图 7-6-29 所示。在此编程过程中，需要运用编程窗口工具栏中的打开分支按钮和关闭分支按钮。

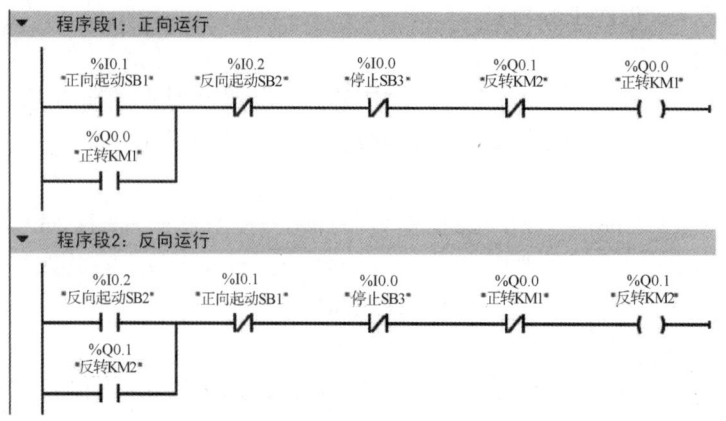

图 7-6-29   正反转 PLC 的控制程序

用户编写或修改程序时,应对其保存。即使程序块没有输入完整,或者有错误,也可以保存项目,只要单击工具栏上的"保存项目"按钮即可。

5.通信设置和项目下载

CPU 是通过以太网与 TIA 博途软件的计算机进行通信的。计算机直接连接单台 CPU 时可以使用标准的以太网电缆,也可以使用交叉以太网电缆。一对一的通信不需要交换机,两台以上的设备通信则需要交换机。下载之前需先对 CPU 和计算机进行正确的通信设置,方可保证成功下载。

(1)CPU 的 IP 设置

双击项目树中 PLC 文件夹内的"设备组态",或单击巡视窗口设备名称(添加新设备时设备名称默认为 PLC_1),打开该 PLC 的设备视图。选中 CPU 后再单击巡视窗口的"属性选项",在"常规"选项卡中选中"PROFINET 接口"下的"以太网地址",可以采用(如图 7-6-30 所示)右边窗口默认的地址和子网掩码,设置的地址在下载后才起作用。

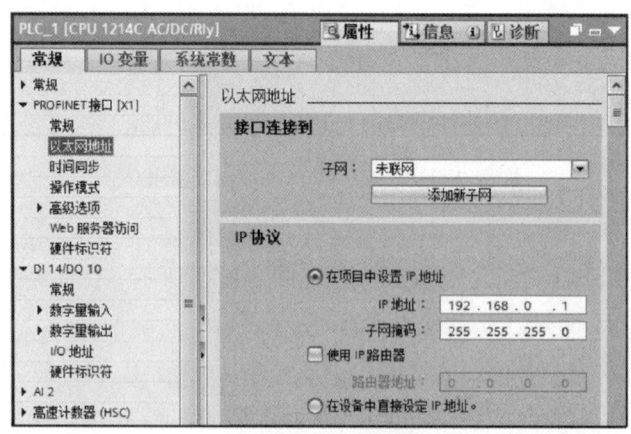

图 7-6-30   设置 CPU 集成的以太网接口的 IP 地址

子网掩码的值通常为 255.255.255.0,CPU 与编程设备的 IP 地址中的子网掩码应完全相同。同一个子网中各设备的子网内的地址不能重叠。如果在同一个网络中有多个 CPU,除了一台 CPU 可以保留出厂时默认的 IP 地址,必须将其他 CPU 默认的 IP 地址更改为网络中唯一的 IP 地址,以避免与其他网络用户冲突。

（2）计算机网卡的 IP 设置

如果是 Windows7 操作系统,用以太网电缆连接计算机和 CPU,并接通 PLC 电源。打开"控制面板",单击"查看网络状态和任务",再单击"本地连接"（或用鼠标右键单击桌面上的"网络"图标,选择"属性"）,打开"本地连接状态"对话框,单击"属性"按钮,在"本地连接属性"对话框中（如图 7-6-31 所示）,选中"此连接使用下列项目"列表框中的"Internet 协议版本 4",单击"属性"按钮,打开"Internet 协议版本 4（TCP/IPv4）属性"对话框。用单选框选中"使用下面的 IP 地址",输入 PLC 以太网端口默认的子网地址192.168.0.×,IP 地址的第 4 个字节是子网内设备的地址,可以取 0~255 的某个值,但是不能与网络中其他设备的 IP 地址重叠。单击"子网掩码"输入框,自动出现默认的子网掩码 255.255.255.0。一般不用设置网关的 IP 地址。设置结束后,单击各级对话框中的"确定"按钮,最后关闭"本地连接"对话框。

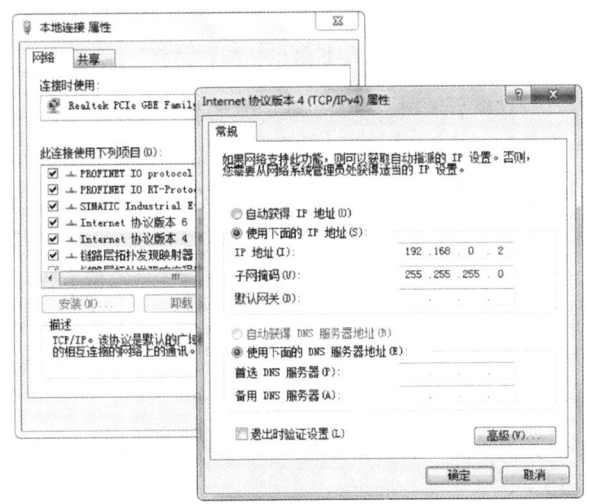

图 7-6-31　设置计算机网卡的 IP 地址

（3）项目下载

做好上述准备后,选中项目树中的设备名称"PLC_1",单击工具栏上的"下载"按钮（或执行菜单命令"在线"→"下载到设备"）打开"扩展的下载到设备"对话框,如图7-6-32 所示。将"PG/PC 接口的类型"选择为"PN/IE",如果计算机上有不止一块以太网卡（如笔记本式计算机一般有一块有线网卡和一块无线网卡）,用"PG/PC 接口"选择为实际使用的网卡。选中复选框"显示所有兼容的设备",单击"开始搜索"按钮,经过一段时间后,在下面的"目标子网中的兼容设备"列表中,出现网络上的 S7-1200 型 CPU和它的以太网地址,计算机与 PLC 之间的连线由断开变为接通。CPU 所在方框的背景色变为实心的橙色,表示 CPU 进入在线状态,此时"下载"按钮变为亮色,即有效状态。

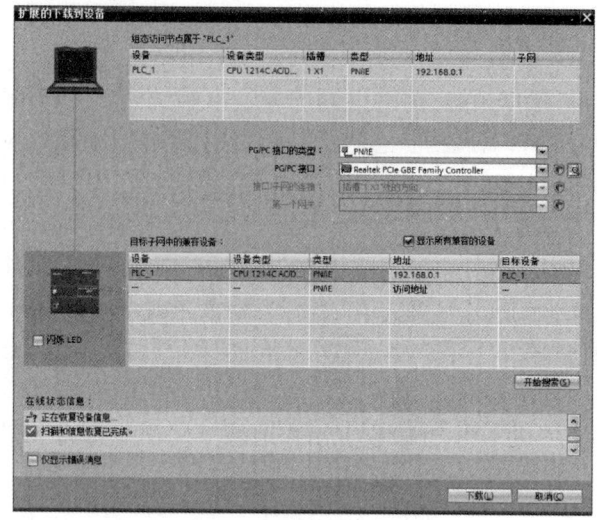

图 7-6-32　扩展的下载对话框

如果同一个网络上有多个 CPU，为了确认设备列表中的 CPU 与硬件设备中哪个 CPU 相对应，可选中列表中的某个 CPU，单击左边的 CPU 图标下面的"闪烁 LED"复选框，对应的硬件设备 CPU 上的 3 个运行状态指示灯闪烁，再次单击"闪烁 LED"复选框，3 个运行状态指示灯停止闪烁。

选中列表中的 S7-1200，单击右下角"下载"按钮，编程软件首先对项目进行编译，并进行装载前检查（如图 7-6-33 所示），如果检查出现问题，单击"无动作"后的倒三角按钮，选择"全部停止"，此时"下载"按钮会再次变为亮色，单击"下载"按钮，开始装载组态，完成组态后，单击"完成"按钮，即下载完成。

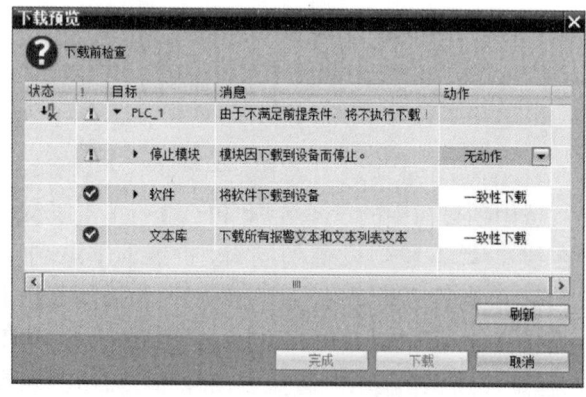

图 7-6-33　下载前检查对话框

6.调试程序

将本程序下载到 CPU 中之后，首先进行控制电路的调试，确定程序编写及控制线路连接正确的情况下再接通主电路，进行整个系统的联机调试。按下正向起动按钮 SB2，观察电动机是否正向起动并运行，再按下反向起动按钮 SB3，观察电动机能否反向起动并运行。同样，先反向起动电动机，再按正向起动按钮，观察电动机的运行状态是否与控制要求一致。若上述调试出现的现象与控制要求一致，则说明本任务能够实现。

二、活动实施

1.制定工作方案(工作方案如表7-6-15所示)

表 7-6-15 工作方案

步骤	工作内容	负责人

2.列出仪表、工具、耗材和器材清单(如表7-6-16所示)

表 7-6-16 仪表、工具、耗材和器材清单

序号	名称	型号和规格	单位	数量	备注

3.按照本组制定的工作方案实施PLC控制系统的设计与实现。

(1)领取仪表、工具、耗材和器材;

(2)检查仪表、工具、耗材和器材;

(3)按照制定的工作方案实施PLC控制系统的设计与实现。

4.考核标准

(1)按照设计意图正确完成PLC硬件的连接(20 min内完成);

(2)正确完成PLC控制电动机正反转梯形图的编制(10 min内完成);

(3)正确完成PLC控制电动机正反转程序的下载(10 min内完成)。

三、评价反馈

各组代表展示作品,介绍任务的完成过程。作品展示前应准备阐述材料,并完成评价表7-6-17、表7-6-18、表7-6-19。

表 7-6-17　学生自评表

班级		组名		日期		
评价指标		评价要素			分值	得分
信息检索		能有效利用网络资源、工作手册查找有效信息;能用自己的语言有条理地去解释、表述所学知识;能将查找的信息有效转化到工作中			10	
感知工作		能否熟悉各自的工作岗位,认同工作价值;在工作中,是否获得满足感			10	
参与状态		与教师、同学之间是否相互尊重、理解、平等;与教师、同学之间是否能够保持多向、丰富、适宜的信息交流			10	
		探究学习、自主学习不流于形式,处理好合作学习和独立思考的关系,做到有效学习;能提出有意义的问题或能发表个人见解;能按要求正确操作;能够倾听、协作、分享			10	
学习方法		工作计划、操作技能是否符合规范要求;是否获得了进一步发展的能力			10	
工作过程		遵守管理规程,操作过程符合现场管理要求;平时上课的出勤情况和每天完成工作任务情况;善于多角度思考问题,能主动发现、提出有价值的问题			15	
思维状态		是否能发现问题、提出问题、分析问题、解决问题			10	
自评反馈		按时按质完成工作任务;较好地掌握专业知识点;具有较强的信息分析能力和理解能力;具有较为全面严谨的思维能力并能条理清晰地表述成文			25	
自评分数						
有益的经验和做法						
总结反思建议						

表 7-6-18　小组评价表

序号	评价项目	分值	小组评价					平均值
1	任务是否按时完成	20						
2	材料完成上交情况	10						
3	任务完成质量	30						
4	语言表达能力	15						
5	小组成员合作面貌	15						
6	创新点	10						

表 7-6-19 综合评价表

项目名称	评价内容	分值	评价分数		任务总评
			自评	师评	
职业素养考核项目 40%	穿戴规范、整洁	6			
	安全意识,责任意识,服从意识	6			
	积极参加教学活动,按时完成学生工作活页规定的任务	10			
	团队合作,与人交流能力	6			
	劳动纪律	6			
	生产现场管理 6S 标准	6			
专业核心能力考核项目 60%	专业知识查找及时、准确	12			
	操作符合规范	18			
	操作熟练度,工作效率	12			
	完工质量	18			

注:评价档次统一采用 A(优秀)、B(良好)、C(合格)、D(努力)4 个。

项目八

船舶照明设备的维护与管理

任务一 常见灯具的安装、维护与管理

建议学时：2学时

📺 学习情境描述

1.任务引入

船舶的照明通常包括确保航行安全和人员安全照明(如航行灯、信号灯、登放艇区域照明等)、船舶工作场所照明(如驾驶台、机舱和甲板装卸照明等)以及生活区域照明等。船舶照明系统不仅关系到船舶航行的安全,同时也对船员的日常生活及工作等产生影响,是船舶上非常重要的一个系统,船舶照明系统的维护是船舶电气管理人员必备的技能。

2.关键知识点

日光灯、启辉器、镇流器的电气符号、结构与功能。

3.关键技能点

日光灯的安装与检修,白炽灯、日光灯故障的原因判断与处理。

⚙️ 学习目标

1.知识目标

(1)掌握日光灯的电气符号、结构与原理;(重点)

(2)了解白炽灯的电气符号、结构与功能;

(3)掌握启辉器、镇流器的电气符号、结构与功能。(重点)

2.技能目标

(1)日光灯灯具的安装与检修;

(2)灯具故障的原因判断与处理。

3.素质目标

(1)培养学生的安全规范操作意识;

（2）培养学生的团队协作、互助意识；

（3）培养学生的独立思考、探索创新精神。

📖 任务书

日光灯灯具的安装、检修、处理，白炽灯灯具故障的原因判断与处理。

👥 任务分组

学生任务分配如表8-1-1所示。

表8-1-1　学生任务分配表

班级			组号		指导教师	
组长			学号			
组员	姓名		学号		任务	
	姓名		学号		任务	
	姓名		学号		任务	
	姓名		学号		任务	

学习活动一　日光灯的安装与检修

荧光灯，也称为日光灯，利用低气压的汞蒸气在通电后释放紫外线，从而使荧光粉发出可见光的原理发光，属于低气压弧光放电光源。目前船舶主照明系统几乎都采用日光灯，但由于船上工作环境比较恶劣，再加上诸多的不确定因素，日光灯故障率相对于岸上会相对多一点。

一、活动前准备

🔶**引导问题1：了解日光灯系统的构成。**

结合图8-1-1，叙述日光灯系统的各结构名称以及作用。

_____

_____

_____

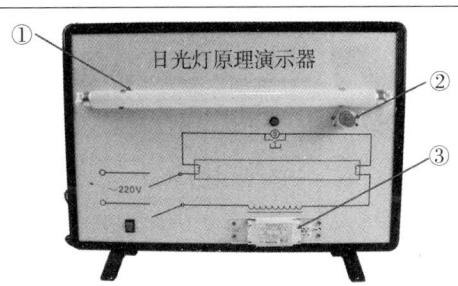

图8-1-1　日光灯系统的构成

引导问题2：了解日光灯管的结构。

(1)结合图8-1-2，叙述日光灯管的结构名称以及作用。

①_____，②_____，③_____，④_____

(2)查询资料，叙述日光灯管的发光原理。

_____

_____

_____

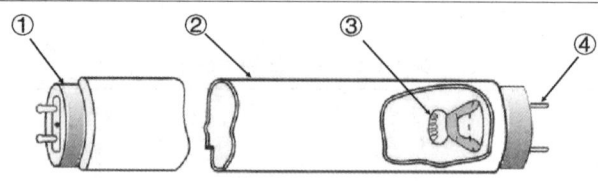

图 8-1-2　日光灯管的结构

引导问题3：了解镇流器的结构。

(1)结合图8-1-3，查询资料，叙述镇流器的作用及工作原理。

_____

_____

_____

_____

(2)结合图8-1-3，叙述镇流器上各数据代表的含义。

_____

_____

_____

_____

(3)镇流器在启动瞬间，能使灯管两端电压达到_____ V，正常工作后，使灯管两端电压维持在_____ V 左右。

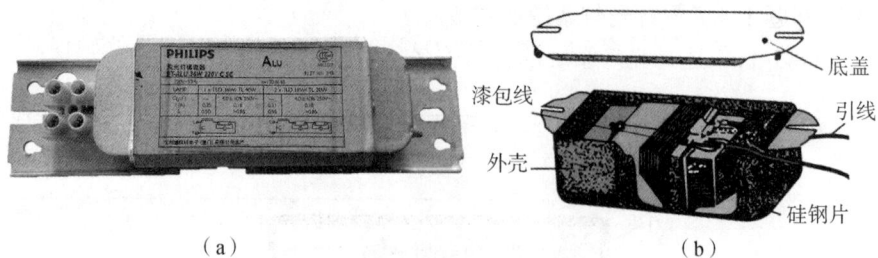

（a）　　　　　　　　　　　　　　　（b）

图 8-1-3　镇流器的外形及结构原理图

引导问题4：了解启辉器。

结合图8-1-4，查询资料，叙述一下启辉器的作用及工作原理。

_____

_____

_____

_____

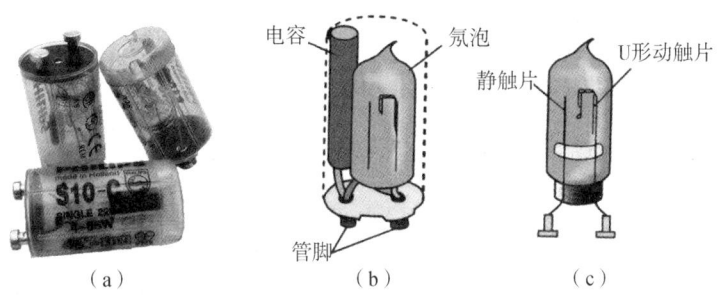

电容　　氖泡　　U形动触片

静触片

管脚

（a）　　　　　　　（b）　　　　　　　（c）

图 8-1-4　启辉器外形及结构图

◆引导问题 5：了解日光灯工作原理图。

查询资料,完成日光灯工作原理图的绘制。

◆引导问题 6：了解日光灯系统工作原理。

结合引导问题 5 日光灯工作原理图,叙述日光灯的启动过程。

◆引导问题 7：日光灯的接线。

结合引导问题 5 日光灯工作原理图,完成日光灯的接线。

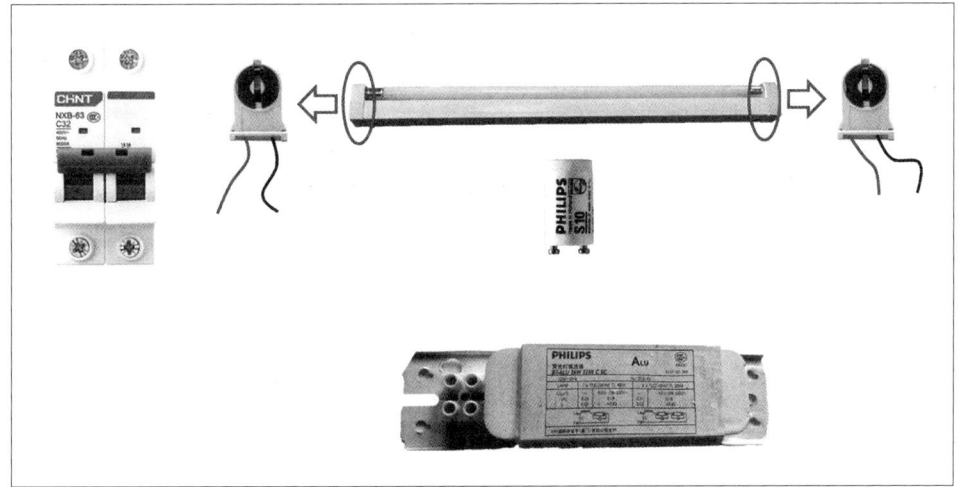

◆引导问题 8：叙述日光灯的检修流程。

◈引导问题9：叙述灯管不发光的故障原因与处理方法。

◈引导问题10：叙述灯管两端发亮，中间不亮的故障原因与处理方法。

◈引导问题11：叙述启辉困难(灯管两端不断闪烁，中间不亮)的故障原因与处理方法。

◈引导问题12：叙述灯光闪烁或管内有螺旋形滚动光带的故障原因与处理方法。

◈引导问题13：叙述镇流器异声的故障原因与处理方法。

◈引导问题14：叙述灯管两端发黑的故障原因与处理方法。

◈引导问题15：叙述灯管两端发黑的故障原因与处理方法。

引导问题16：叙述一下开灯后灯管马上烧毁的故障原因与处理方法。

_____

_____

_____

引导问题17：叙述断电后灯管仍发微光的故障原因与处理方法。

_____

_____

_____

_____

二、 活动实施

1.制定工作方案(如表 8-1-2 所示)

表 8-1-2　工作方案

步骤	工作内容	负责人

2.列出仪表、工具、耗材和器材清单(如表 8-1-3 所示)

表 8-1-3　仪表、工具、耗材和器材清单

序号	名称	型号和规格	单位	数量	备注

3.按照本组制定的实施方案进行日光灯灯具的安装与检修

(1)领取仪表、工具、耗材和器材；

(2)检查仪表、工具、耗材和器材；

（3）按最佳方案进行日光灯灯具的安装与检修。

4.考核标准

（1）完成日光灯灯具的正确接线（15 min 内完成）；

（2）完成日光灯灯具的检修工作，每说出一条得本项目分数的 10%（10 min 内完成）；

（3）叙述出日光灯常见故障及其排除方法，少说一条故障现象扣本项目分数的 10%，少说一条与故障相对应可能原因的扣本项目分数的 5%，少说一条与此对应的排除方法要点的扣本项目分数的 5%（10 min 内完成）。

三、 评价反馈

各组代表展示作品，介绍任务的完成过程。作品展示前应准备阐述材料，并完成评价表 8-1-4、表 8-1-5、表 8-1-6。

表 8-1-4　学生自评表

班级		组名		日期		
评价指标	评价要素				分值	得分
信息检索	能有效利用网络资源、工作手册查找有效信息；能用自己的语言有条理地去解释、表述所学知识；能将查找的信息有效转化到工作中				10	
感知工作	能否熟悉各自的工作岗位，认同工作价值；在工作中，是否获得满足感				10	
参与状态	与教师、同学之间是否相互尊重、理解、平等；与教师、同学之间是否能够保持多向、丰富、适宜的信息交流				10	
	探究学习、自主学习不流于形式，处理好合作学习和独立思考的关系，做到有效学习；能提出有意义的问题或能发表个人见解；能按要求正确操作；能够倾听、协作、分享				10	
学习方法	工作计划、操作技能是否符合规范要求；是否获得了进一步发展的能力				10	
工作过程	遵守管理规程，操作过程符合现场管理要求；平时上课的出勤情况和每天完成工作任务情况；善于多角度思考问题，能主动发现、提出有价值的问题				15	
思维状态	是否能发现问题、提出问题、分析问题、解决问题				10	
自评反馈	按时按质完成工作任务；较好地掌握专业知识点；具有较强的信息分析能力和理解能力；具有较为全面严谨的思维能力并能条理清晰地表述成文				25	
自评分数						
有益的经验和做法						
总结反思建议						

表 8-1-5　小组评价表

序号	评价项目	分值	小组评价					平均值
1	任务是否按时完成	20						
2	材料完成上交情况	10						
3	任务完成质量	30						
4	语言表达能力	15						
5	小组成员合作面貌	15						
6	创新点	10						

表 8-1-6　综合评价表

项目名称	评价内容	分值	评价分数		任务总评
			自评	师评	
职业素养考核项目 40%	穿戴规范、整洁	6			
	安全意识、责任意识、服从意识	6			
	积极参加教学活动，按时完成学生工作活页规定的任务	10			
	团队合作，与人交流能力	6			
	劳动纪律	6			
	生产现场管理 6S 标准	6			
专业核心能力考核项目 60%	专业知识查找及时、准确	12			
	操作符合规范	18			
	操作熟练度、工作效率	12			
	完工质量	18			

注:评价档次统一采用 A(优秀)、B(良好)、C(合格)、D(努力)4 个。

学习活动二　白炽灯灯具故障的原因判断与处理

白炽灯是将灯丝通电加热到白炽状态,利用热辐射发出可见光的电光源。白炽灯的能量转换效率很低,只有 2%~4% 的电能转换为眼睛能够感受到的光。但白炽灯具有显色性好、光谱连续、使用方便等优点,因而仍被广泛应用。目前,船舶上的航行灯、信号灯以及具有水密和防爆要求的灯具大多采用白炽灯。

一、活动前准备

🔷 引导问题 1：了解白炽灯系统的构成（如图 8-1-5 所示）。

正确的灯具开关接线方法

零线 ————————— 🔆 灯具
火线 ———————

开关

（a）

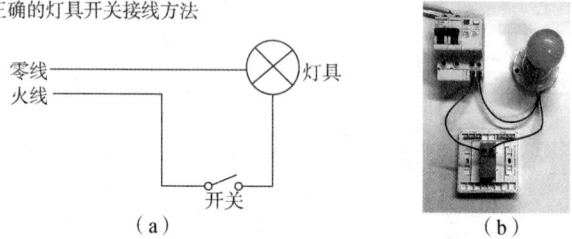

（b）

图 8-1-5　白炽灯系统的构成

🔷 引导问题 2：了解白炽灯的结构（如图 8-1-6 所示）。

图 8-1-6　白炽灯的结构

🔷 引导问题 3：查询资料，叙述白炽灯的发光原理。

_____

_____

_____

_____

🔷 引导问题 4：白炽灯灯泡不发光的故障原因及排除方法。

_____

_____

_____

🔷 引导问题 5：白炽灯发光强烈的故障原因及排除方法。

_____

_____

_____

🔷 引导问题 6：白炽灯忽亮忽暗的故障原因及排除方法。

_____

_____

_____

_____

◈引导问题7：白炽灯连续烧断熔断器的故障原因及排除方法。

_____

_____

_____

◈引导问题8：白炽灯灯光暗红的故障原因及排除方法。

_____

_____

_____

◈引导问题9：叙述室外灯具水密状况的检修流程。

_____

_____

_____

二、活动实施

1.制定工作方案(如表8-1-7所示)

表8-1-7 工作方案

步骤	工作内容	负责人

2.列出仪表、工具、耗材和器材清单(如表8-1-8表示)

表8-1-8 仪表、工具、耗材和器材清单

序号	名称	型号和规格	单位	数量	备注

3.按照本组制定的实施方案进行白炽灯灯具的安装与检修

（1）领取仪表、工具、耗材和器材；

（2）检查仪表、工具、耗材和器材；

（3）按最佳方案进行白炽灯灯具的安装与检修。

4.考核标准

（1）完成白炽灯灯具故障的原因判断与处理（15 min 内完成）；

（2）叙述白炽灯常见故障及其排除方法,少说一条故障现象扣本项目分数的 10%,少说一条与故障相对应可能原因的扣本项目分数的 5%,少说一条与此对应的排除方法要点的扣本项目分数的 5%（10 min 内完成）。

三、评价反馈

各组代表展示作品,介绍任务的完成过程。作品展示前应准备阐述材料,并完成评价表 8-1-9、表 8-1-10、表 8-1-11。

表 8-1-9　学生自评表

班级		组名		日期		
评价指标	评价要素				分值	得分
信息检索	能有效利用网络资源、工作手册查找有效信息;能用自己的语言有条理地去解释、表述所学知识;能将查找的信息有效转化到工作中				10	
感知工作	能否熟悉各自的工作岗位,认同工作价值;在工作中,是否获得满足感				10	
参与状态	与教师、同学之间是否相互尊重、理解、平等;与教师、同学之间是否能够保持多向、丰富、适宜的信息交流				10	
	探究学习、自主学习不流于形式,处理好合作学习和独立思考的关系,做到有效学习;能提出有意义的问题或能发表个人见解;能按要求正确操作;能够倾听、协作、分享				10	
学习方法	工作计划、操作技能是否符合规范要求;是否获得了进一步发展的能力				10	
工作过程	遵守管理规程,操作过程符合现场管理要求;平时上课的出勤情况和每天完成工作任务情况;善于多角度思考问题,能主动发现、提出有价值的问题				15	
思维状态	是否能发现问题、提出问题、分析问题、解决问题				10	
自评反馈	按时按质完成工作任务;较好地掌握专业知识点;具有较强的信息分析能力和理解能力;具有较为全面严谨的思维能力并能条理清晰地表述成文				25	
自评分数						
有益的经验和做法						
总结反思建议						

表 8-1-10　小组评价表

序号	评价项目	分值	小组评价					平均值
1	任务是否按时完成	20						
2	材料完成上交情况	10						
3	任务完成质量	30						
4	语言表达能力	15						
5	小组成员合作面貌	15						
6	创新点	10						

表 8-1-11　综合评价表

项目名称	评价内容	分值	评价分数		任务总评
			自评	师评	
职业素养考核项目 40%	穿戴规范、整洁	6			
	安全意识,责任意识,服从意识	6			
	积极参加教学活动,按时完成学生工作活页规定的任务	10			
	团队合作,与人交流能力	6			
	劳动纪律	6			
	生产现场管理 6S 标准	6			
专业核心能力考核项目 60%	专业知识查找及时、准确	12			
	操作符合规范	18			
	操作熟练度,工作效率	12			
	完工质量	18			

注:评价档次统一采用 A(优秀)、B(良好)、C(合格)、D(努力)4 个。

任务二 照明线路的设计、安装与检修

建议学时：2学时

学习情境描述

1.任务引入

在日常生活中,我们最常用的是用一只开关来控制一盏灯。这种电路每次开、关电灯时,都要到开关的位置来操作,给我们的生活带来了一定的麻烦。所以有时为了方便,我们需要在两地控制一盏灯:卧室里的灯要求在房门口和床头都能控制其亮灭。本任务将完成白炽灯两地控制电路的设计、安装与检修。

2.关键知识点

单联双控开关、白炽灯等电气符号、结构与功能。

3.关键技能点

单联双控开关、端子排的保养设计与安装。

学习目标

1.知识目标

(1)掌握双联开关控制白炽灯的电路原理图;(重点)

(2)掌握双联控制白炽灯线路电气符号、结构与功能的分析。(重点)

2.技能目标

(1)能够根据双联开关控制白炽灯的电路原理图进行线路连接;

(2)能够对已连接的双联线路进行检修。

3.素质目标

(1)培养学生的安全规范操作意识;

(2)培养学生的团队协作、互助意识;

(3)培养学生的独立思考、探索创新精神。

任务书

能够对常用继电器进行保养与参数整定。

任务分组

学生任务分配如表8-2-1所示。

表 8-2-1　学生任务分配表

班级			组号		指导	
组长			学号		教师	
组员	姓名		学号		任务	
	姓名		学号		任务	
	姓名		学号		任务	
	姓名		学号		任务	

一、活动前准备

🔩引导问题 1：了解双联开关的结构。

结合图 8-2-1,组织学生讨论双联开关的三个接线桩头之间的接触关系。

_____

_____

_____

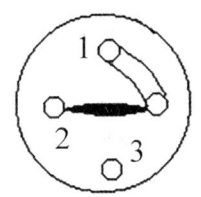

图 8-2-1　双联开关的结构

🔩引导问题 2：了解双联开关控制白炽灯的电路图,查询资料,完成工作原理图的绘制。

🔩引导问题 3：了解双联开关控制白炽灯的原理。

结合引导问题 2 的工作原理图,叙述双联开关的启动过程。

_____

_____

◈引导问题 4：白炽灯的接线。 结合引导问题 2 的工作原理图，完成白炽灯的接线。

◈引导问题 5：叙述白炽灯不亮的检修流程。

◈引导问题 6： 叙述白炽灯一个开关亮，另一个开关不亮的故障原因与处理方法。

◈引导问题 7：叙述白炽灯常亮（无法关闭）的故障原因与处理方法。

二、 活动实施

1.制定工作方案(如表 8-2-2 所示)

表 8-2-2　工作方案

步骤	工作内容	负责人

2.列出仪表、工具、耗材和器材清单(如表8-2-3所示)

表8-2-3　仪表、工具、耗材和器材清单

序号	名称	型号和规格	单位	数量	备注

3.按照本组制定的实施方案进行白炽灯双控线路的安装与检修

(1)领取仪表、工具、耗材和器材;

(2)检查仪表、工具、耗材和器材;

(3)按最佳方案进行白炽灯双控线路的安装与检修。

4.考核标准

(1)完成白炽灯双控线路的接线(25 min 内完成);

(2)完成白炽灯灯具的检修工作,每说出一条得本项目分数的 10%(5 min 内完成);

(3)叙述白炽灯常见故障及其排除方法,少说一条故障现象扣本项目分数的 10%,少说一条与故障相对应可能原因的扣本项目分数的 5%,少说一条与此对应的排除方法要点的扣本项目分数的 5%(10 min 内完成)。

三、评价反馈

各组代表展示作品,介绍任务的完成过程。作品展示前应准备阐述材料,并完成评价表 8-2-4、表 8-2-5、表 8-2-6。

表8-2-4　学生自评表

班级		组名		日期		
评价指标	评价要素				分值	得分
信息检索	能有效利用网络资源、工作手册查找有效信息;能用自己的语言有条理地去解释、表述所学知识;能将查找的信息有效转化到工作中				10	
感知工作	能否熟悉各自的工作岗位,认同工作价值;在工作中,是否获得满足感				10	
参与状态	与教师、同学之间是否相互尊重、理解、平等;与教师、同学之间是否能够保持多向、丰富、适宜的信息交流				10	
	探究学习、自主学习不流于形式,处理好合作学习和独立思考的关系,做到有效学习;能提出有意义的问题或能发表个人见解;能按要求正确操作;能够倾听、协作、分享				10	
学习方法	工作计划、操作技能是否符合规范要求;是否获得了进一步发展的能力				10	

续表

工作过程	遵守管理规程,操作过程符合现场管理要求;平时上课的出勤情况和每天完成工作任务情况;善于多角度思考问题,能主动发现、提出有价值的问题	15	
思维状态	是否能发现问题、提出问题、分析问题、解决问题	10	
自评反馈	按时按质完成工作任务;较好地掌握专业知识点;具有较强的信息分析能力和理解能力;具有较为全面严谨的思维能力并能条理清晰地表述成文	25	
自评分数			
有益的经验和做法			
总结反思建议			

表 8-2-5 小组评价表

序号	评价项目	分值	小组评价					平均值
1	任务是否按时完成	20						
2	材料完成上交情况	10						
3	任务完成质量	30						
4	语言表达能力	15						
5	小组成员合作面貌	15						
6	创新点	10						

表 8-2-6 综合评价表

项目名称	评价内容	分值	评价分数		任务总评
			自评	师评	
职业素养考核项目40%	穿戴规范、整洁	6			
	安全意识,责任意识,服从意识	6			
	积极参加教学活动,按时完成学生工作活页规定的任务	10			
	团队合作,与人交流能力	6			
	劳动纪律	6			
	生产现场管理6S标准	6			
专业核心能力考核项目60%	专业知识查找及时,准确	12			
	操作符合规范	18			
	操作熟练度,工作效率	12			
	完工质量	18			

注:评价档次统一采用 A(优秀)、B(良好)、C(合格)、D(努力)4 个。

项目九

蓄电池的过充电与电解液相对密度的测量

任务一 铅酸蓄电池系统的检测与维护

学习情境描述

1.任务引入

船舶除了设置主电源外,还必须配备一个在主电源不能供电时,向船上部分保证船舶安全的设备进行供电的独立应急电源。船舶蓄电池是一种可以充电并反复使用的电源,因其用途广泛、价格低廉,成为船舶最可靠的应急电源。作为船舶电气管理人员,必须具备船舶铅酸蓄电池的检查、使用以及日常维护管理的能力。

2.关键知识点

蓄电池的检查、使用、维护保养。

3.关键技能点

测定蓄电池电压和电解液相对密度,判断蓄电池的状态。

学习目标

1.知识目标

(1)能够描述蓄电池的基本原理;

(2)能够说出判断蓄电池状态的方法;(重点)

(3)能够说出蓄电池不同的充电方法及其优缺点。(重点)

2.技能目标

(1)能够判断蓄电池的状态;

(2)能够使用万用表测量蓄电池的电压;(重点)

（3）能够使用比重计测定蓄电池电解液的相对密度；

（4）能够采用分段恒流充电法对蓄电池进行充电和过充电。

3.素质目标

（1）培养学生的安全规范操作意识；

（2）培养学生的团队协作、互助意识；

（3）培养学生的独立思考、探索创新精神。

📖 任务书

能够完成蓄电池电压及电解液的相对密度的测量，并对蓄电池进行充电和过充电。

👥 任务分组

学生任务分配如表9-1-1所示。

表9-1-1 学生任务分配表

班级		组号		指导教师	
组长		学号			
组员	姓名		学号		任务	
	姓名		学号		任务	
	姓名		学号		任务	
	姓名		学号		任务	

一、活动前准备

🎁 引导问题1：了解蓄电池的外形结构。

图9-1-1所示为蓄电池内部结构图,查询资料完成下面填空。

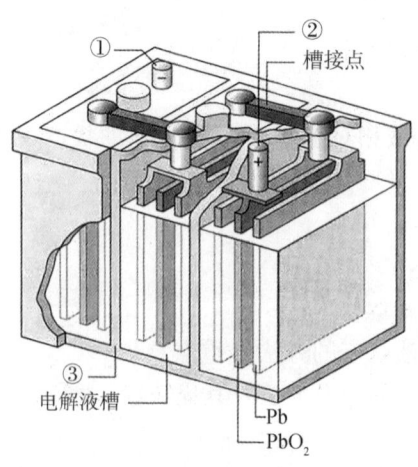

图9-1-1 蓄电池内部结构图

根据图 9-1-1 所示的蓄电池外形结构,简述指示部分(①、②、③)的名称及作用。

_____

_____

_____

🔖引导问题 2:了解比重计测量电解液相对密度原理

铅酸蓄电池电解液的密度会对蓄电池的使用寿命及容量造成影响。当电解液具有较高的密度时,蓄电池产品的初始容量较高,但是过多的浓硫酸会造成基板的硫化,导致蓄电池容量衰减较快,循环寿命短。当电解液密度较低时,蓄电池基板的活性物质得不到充分利用,电池容量所需的硫酸量不足,则初始容量可能无法达到要求,可能刚刚达到市场标准,但是后劲足,使用寿命长。由此可见,使铅酸蓄电池电解液的密度保持在适宜范围能够最大程度地延长蓄电池的有效使用寿命。

在船舶上,可以使用比重计测量铅酸蓄电池电解液的相对密度。比重计是根据阿基米德定律和物体浮在液面上平衡的条件制成的,是一种测定液体相对密度的仪器。它内部有一根密闭的玻璃管,上端粗细均匀,内壁贴有刻度不均匀的刻度计,上疏下密,下端稍膨大呈泡状,泡里装有小铅粒或水银,使玻璃管能在被检测的液体中竖直地浸入到足够的深度,并能稳定地浮在液体中。当比重计浮在液体中时,其本身的重力跟它排开的液体的重力相等,于是在相对密度不同的液体中浸入的深度也不相同。

铅酸蓄电池电解液的相对密度一般控制在 1.24 ~ 1.28 之间。而由于电解液是浓硫酸和蒸馏水配制而成的,其相对密度也会受到温度影响,因此应根据蓄电池的使用环境及工作条件配制不同相对密度的电解液。在寒冷地区使用时,应保持电解液的相对密度较高一些;而在同一地区使用的蓄电池,冬季需要将电解液的相对密度调整到比夏季时的值高 0.02 ~ 0.04。

🔖引导问题 3:测量铅酸蓄电池电解液的相对密度。

查询资料,写出比重计测量蓄电池电解液相对密度的方法步骤。

_____

_____

_____

_____

🔖引导问题 4:比重计使用中的注意事项。

使浮子处于吸管的中部,不能触及吸管的顶部、底部及玻璃壁。

🔖引导问题 5:了解蓄电池充放电原理。

写出铅酸蓄电池的充放电过程总反应方程式。

_____

_____

_____

🔖引导问题 6:采用不同的方法进行充电和过充电。

查询资料,写出分段恒流充电法的方法步骤。

_____

▣ **引导问题 7：** 为何选择分段恒流充电法对电池进行充电？

_____

_____

_____

_____

二、活动实施

1.制定工作方案(如表 9-1-2 所示)

表 9-1-2　工作方案

步骤	工作内容	负责人

2.列出仪表、工具、耗材和器材清单(如表 9-1-3 所示)

表 9-1-3　仪表、工具、耗材和器材清单

序号	名称	型号和规格	单位	数量	备注

3.按照本组制定的实施方案进行蓄电池状态的判断与充电

(1)领取仪表、工具、耗材和器材；

(2)检查仪表、工具、耗材和器材；

(3)按最佳方案进行蓄电池状态的判断与充电。

4.考核标准

(1)正确使用比重计测量电解液相对密度,并判断蓄电池状态(10 min 内完成);

(2)叙述蓄电池充满电及放完电判断标准(5 min 内完成);

(3)叙述蓄电池过充电的方法(5 min 内完成)。

三、 评价反馈

　　各组代表展示作品,介绍任务的完成过程。作品展示前应准备阐述材料,并完成评价表 9-1-4、表 9-1-5、表 9-1-6。

表 9-1-4　学生自评表

班级		组名		日期		
评价指标	评价要素				分值	得分
信息检索	能有效利用网络资源、工作手册查找有效信息;能用自己的语言有条理地去解释、表述所学知识;能将查找的信息有效转化到工作中				10	
感知工作	能否熟悉各自的工作岗位,认同工作价值;在工作中,是否获得满足感				10	
参与状态	与教师、同学之间是否相互尊重、理解、平等;与教师、同学之间是否能够保持多向、丰富、适宜的信息交流				10	
	探究学习、自主学习不流于形式,处理好合作学习和独立思考的关系,做到有效学习;能提出有意义的问题或能发表个人见解;能按要求正确操作;能够倾听、协作、分享				10	
学习方法	工作计划、操作技能是否符合规范要求;是否获得了进一步发展的能力				10	
工作过程	遵守管理规程,操作过程符合现场管理要求;平时上课的出勤情况和每天完成工作任务情况;善于多角度思考问题,能主动发现、提出有价值的问题				15	
思维状态	是否能发现问题、提出问题、分析问题、解决问题				10	
自评反馈	按时按质完成工作任务;较好地掌握专业知识点;具有较强的信息分析能力和理解能力;具有较为全面严谨的思维能力并能条理清晰地表述成文				25	
	自评分数					
有益的经验和做法						
总结反思建议						

表 9-1-5 小组评价表

序号	评价项目	分值	小组评价						平均值
1	任务是否按时完成	20							
2	材料完成上交情况	10							
3	任务完成质量	30							
4	语言表达能力	15							
5	小组成员合作面貌	15							
6	创新点	10							

表 9-1-6 综合评价表

项目名称	评价内容	分值	评价分数		任务总评
			自评	师评	
职业素养考核项目 40%	穿戴规范、整洁	6			
	安全意识,责任意识,服从意识	6			
	积极参加教学活动,按时完成学生工作活页规定的任务	10			
	团队合作,与人交流能力	6			
	劳动纪律	6			
	生产现场管理 6S 标准	6			
专业核心能力考核项目 60%	专业知识查找及时、准确	12			
	操作符合规范	18			
	操作熟练度,工作效率	12			
	完工质量	18			

注:评价档次统一采用 A(优秀)、B(良好)、C(合格)、D(努力)4 个。

附录
部分

附录一

海船船员考试大纲（2022版）（节选）

船舶电工工艺和电气设备

评估大纲	适用对象	
	750 kW 及以上船舶二/三管轮	未满 750 kW船舶二/三管轮
1 熟练使用万用表		
1.1 测量电阻和交(直)流电压	√	√
1.2 进行二极管性能测量与极性判别	√	√
1.3 进行晶体管性能测量与极性判别	√	
1.4 进行可控硅的性能测量及极性判别	√	
2 熟练使用钳形电流表测量线路电流	√	√
3 熟练使用交流电压表和电流表		
3.1 交流电压的测量	√	√
3.2 交流电流的测量	√	√
4 熟练使用便携式兆欧表对电气设备的绝缘电阻值进行测量	√	√
5 继电器、接触器的维护保养及其参数整定		
5.1 熟练测试、调整压力继电器(或温度继电器)的设定值与幅差值	√	
5.2 熟练整定时间继电器	√	
5.3 熟练整定热继电器	√	
6 船用电机维护保养和启动		
6.1 熟练解体交流电动机	√	√

续表

6.2	熟练装配交流电动机	√	√
6.3	熟练清洁电机、检查零部件,添加轴承润滑脂	√	√
6.4	熟练处理受潮、绕组绝缘值降低的电动机	√	√
6.5	三相异步电动机不能启动故障的可能原因的判断	√	√
6.6	三相异步电动机启动后转速低且显得无力故障的可能原因的判断	√	
6.7	三相异步电动机温升过高故障的可能原因的判断	√	√
6.8	三相异步电动机运行时振动过大故障的可能原因的判断	√	√
6.9	三相异步电动机轴承过热故障的可能原因的判断	√	√
6.10	熟练连接三相异步电动机直接启动控制电路	√	√
6.11	熟练连接三相异步电动机星形-三角形降压启动控制电路	√	
6.12	熟练连接三相异步电动机变频起动	√	
6.13	熟练使用 PLC 控制电动机的启停,并进行编程和测试	√	
6.14	电压、电流互感器的功能测试与安装使用	√	√
7	照明设备的维护		
7.1	熟练安装与检修船用灯具	√	√
7.2	常见灯具的检修	√	√
8	蓄电池的使用与维护		
8.1	蓄电池的使用	√	√
8.2	蓄电池的维护与保养	√	√

附录二

海船船员适任评估大纲和规范（节选）

船舶电工工艺和电气设备

（适用对象：750 kW 及以上船二/三管轮）

1.评估目的

通过评估,检验被评估者掌握船舶电工工艺和电气设备的相关知识和技能并能正确进行操作和应用的能力,以满足《STCW 公约马尼拉修正案》及中华人民共和国海事局海船船员适任考试评估的有关要求。

2.评估内容

2.1　万用表的使用

(1)测量电阻和交(直)流电压;

(2)二极管性能测量与极性判别;

(3)三极管性能测量与极性判别;

(4)可控硅的性能测量及极性判别。

2.2　使用钳形电流表测量线路电流

2.3　交流电压表和电流表的使用

(1)交流电压的测量;

(2)交流电流的测量。

2.4　使用便携式兆欧表对电气设备的绝缘电阻值进行测量

2.5　继电器、接触器的维护保养及其参数整定

(1)测试、调整压力继电器(或温度继电器)设定值与幅差值;

(2)时间继电器的整定;

(3)热继电器的整定。

2.6　电磁制动器间隙的调整

2.7　船用电机的维护保养

(1)交流电动机的解体;

(2)交流电动机的装配;

（3）清洁电机,检查零部件添加轴承润滑脂;

（4）电机受潮,绕组绝缘值降低时的处理;

（5）三相异步电动机不能启动故障的原因判断与处理;

（6）三相异步电动机启动后转速低且显得无力故障的原因判断与处理;

（7）三相异步电动机温升过高故障的原因判断与处理;

（8）三相异步电动机运行时振动过大故障的原因判断与处理;

（9）三相异步电动机轴承过热故障的原因判断与处理;

（10）电压、电流互感器的功能测试与安装使用。

2.8　电缆的使用

（1）切割电缆;

（2）电缆端头处理方法和连接。

2.9　照明设备的维护

（1）日光灯灯具的安装与检修;

（2）白炽灯灯具故障的原因判断与处理;

（3）日光灯常见故障的原因判断与处理。

3.评估要素及标准

3.1　万用表的使用

3.1.1　正确使用万用表测量电阻和交(直)流电压(20分)

（1）评估要素:

①万用表的检查;

②用万用表测量电阻;

③用万用表测交(直)流电压。

（2）评估标准:

①操作准确、熟练(20分);

②操作准确、比较熟练(16分);

③操作准确、熟练程度一般,能完成操作(12分);

④操作较差,只能完成部分操作(8分);

⑤操作差,无法完成(0~4分)。

3.1.2　正确使用万用表进行二极管性能测量与极性判别(20分)

（1）评估要素:

用万用表判断二极管的极性。

（2）评估标准:

①操作准确、熟练(20分);

②操作准确、比较熟练(16分);

③操作准确、熟练程度一般,能完成操作(12分);

④操作较差,只能完成部分操作(8分);

⑤操作差,无法完成(0~4分)。

3.1.3　正确使用万用表进行三极管性能测量与极性判别(20分)

（1）评估要素:

①用万用表判断晶体管的性能;

②用万用表判断晶体管的基极、集电极、发射极。

(2)评估标准:

①操作准确、熟练(20分);

②操作准确、比较熟练(16分);

③操作准确、熟练程度一般,能完成操作(12分);

④操作较差,只能完成部分操作(8分);

⑤操作差,无法完成(0~4分)。

3.1.4　正确使用万用表进行可控硅性能测量与极性判别(20分)

(1)评估要素:

①用万用表判断可控硅的性能;

②用万用表判断可控硅的阴极、阳极、控制极。

(2)评估标准:

①操作准确、熟练(20分);

②操作准确、比较熟练(16分);

③操作准确、熟练程度一般,能完成操作(12分);

④操作较差,只能完成部分操作(8分);

⑤操作差,无法完成(0~4分)。

3.2　使用钳形电流表测量线路电流(20分)

(1)评估要素:

①测量前的准备,选择电流表的量程;

②测量电路中的电流。

(2)评估标准:

①操作准确、熟练(20分);

②操作准确、比较熟练(16分);

③操作准确、熟练程度一般,能完成操作(12分);

④操作较差,只能完成部分操作(8分);

⑤操作差,无法完成(0~4分)。

3.3　交流电压表和电流表的使用

3.3.1　交流电压的测量(20分)

(1)评估要素:

使用交流电压表测量电压。

(2)评估标准:

①操作准确、熟练(20分);

②操作准确、比较熟练(16分);

③操作准确、熟练程度一般,能完成操作(12分);

④操作较差,只能完成部分操作(8分);

⑤操作差,无法完成(0~4分)。

3.3.2 交流电流的测量(20分)

(1)评估要素：

①安全程序；

②使用交流电流表测量电流。

(2)评估标准：

①操作准确、熟练(20分)；

②操作准确、比较熟练(16分)；

③操作准确、熟练程度一般,能完成操作(12分)；

④操作较差,只能完成部分操作(8分)；

⑤操作差,无法完成(0~4分)。

3.4 使用便携式兆欧表对电气设备的绝缘电阻值进行测量(20分)

(1)评估要素：

①测量前的准备；

②使用便携式兆欧表测量三相异步电动机绝缘电阻。

(2)评估标准：

①操作准确、熟练(20分)；

②操作准确、比较熟练(16分)；

③操作准确、熟练程度一般,能完成操作(12分)；

④操作较差,只能完成部分操作(8分)；

⑤操作差,无法完成(0~4分)。

3.5 继电器、接触器的维护保养及其参数整定

3.5.1 测试、调整压力继电器(温度继电器)设定值与幅差值(20分)

(1)评估要素：

①调整压力继电器设定值与幅差值；

②测试温度继电器设定值与幅差值。

(2)评估标准：

①操作准确、熟练(20分)；

②操作准确、比较熟练(16分)；

③操作准确、熟练程度一般,能完成操作(12分)；

④操作较差,只能完成部分操作(8分)；

⑤操作差,无法完成(0~4分)。

3.5.2 时间继电器的整定(20分)

(1)评估要素：

①调整时间继电器的延时；

②验证其功能。

(在1 min内正确调整到评估员给定的时间,误差小于10%。)

(2)评估标准：

①操作准确、熟练(20分)；

②操作准确、比较熟练(16分)；

③操作准确、熟练程度一般,能完成操作(12分);

④操作较差,只能完成部分操作(8分);

⑤操作差,无法完成(0~4分)。

3.5.3 热继电器的整定(20分)

(1)评估要素:

①调整热继电器的延时;

②验证其功能。

(在5 min内按评估员给定电机功率完成调整热元件整定电流,且整定值整定误差小于10%)

(2)评估标准:

①操作准确、熟练(20分);

②操作准确、比较熟练(16分);

③操作准确、熟练程度一般,能完成操作(12分);

④操作较差,只能完成部分操作(8分);

⑤操作差,无法完成(0~4分)。

3.6 电磁制动器间隙的调整(20分)

(1)评估要素:

调整电磁制动器的间隙。

(2)评估标准:

①操作准确、熟练(20分);

②操作准确、比较熟练(16分);

③操作准确、熟练程度一般,能完成操作(12分);

④操作较差,只能完成部分操作(8分);

⑤操作差,无法完成(0~4分)。

3.7 船用电机的维护保养

3.7.1 交流电动机解体(20分)

(1)评估要素:

解体交流电动机。

(2)评估标准:

①操作准确、熟练(20分);

②操作准确、比较熟练(16分);

③操作准确、熟练程度一般,能完成操作(12分);

④操作较差,只能完成部分操作(8分);

⑤操作差,无法完成(0~4分)。

3.7.2 交流电动机装配(20分)

(1)评估要素:

装配交流电动机。

(2)评估标准:

①操作准确、熟练(20分);

②操作准确、比较熟练(16 分);

③操作准确、熟练程度一般,能完成操作(12 分);

④操作较差,只能完成部分操作(8 分);

⑤操作差,无法完成(0~4 分)。

3.7.3 清洁电机、检查零部件,添加轴承润滑脂(20 分)

(1)评估要素:

①清洁交流电动机绕组、轴承等;

②检查转子、定子绕组、轴承;

③给轴承添加润滑脂。

(2)评估标准:

①操作准确、熟练(20 分);

②操作准确、比较熟练(16 分);

③操作准确、熟练程度一般,能完成操作(12 分);

④操作较差,只能完成部分操作(8 分);

⑤操作差,无法完成(0~4 分)。

3.7.4 电机受潮,绕组绝对值降低时的处理(20 分)

(1)评估要素:

提高电机的绝缘可任选烘箱干燥、热风干燥、灯泡干燥、电流干燥、铁损干燥等方法之一进行。

(2)评估标准:

①操作准确、熟练(20 分);

②操作准确、比较熟练(16 分);

③操作准确、熟练程度一般,能完成操作(12 分);

④操作较差,只能完成部分操作(8 分);

⑤操作差,无法完成(0~4 分)。

3.7.5 三相异步电动机不能启动故障的原因判断与处理(20 分)

(1)评估要素:

根据三相异步电动机不能启动故障的现象,查找故障点并排除故障。

(2)评估标准:

①操作准确、熟练(20 分);

②操作准确、比较熟练(16 分);

③操作准确、熟练程度一般,能完成操作(12 分);

④操作较差,只能完成部分操作(8 分);

⑤操作差,无法完成(0~4 分)。

3.7.6 三相异步电动机启动后转速低且显得无力的原因判断与处理(20 分)

(1)评估要素:

根据三相异步电动机启动后转速低且显得无力故障的现象,查找故障点并排除故障。

(2)评估标准:

①操作准确、熟练(20 分);

②操作准确、比较熟练(16分);

③操作准确、熟练程度一般,能完成操作(12分);

④操作较差,只能完成部分操作(8分);

⑤操作差,无法完成(0~4分)。

3.7.7　三相异步电动机温升过高故障的原因判断与处理(20分)

(1)评估要素:

根据三相异步电动机温升过高故障的现象,查找故障点并排除故障。

(2)评估标准:

①操作准确、熟练(20分);

②操作准确、比较熟练(16分);

③操作准确、熟练程度一般,能完成操作(12分);

④操作较差,只能完成部分操作(8分);

⑤操作差,无法完成(0~4分)。

3.7.8　三相异步电动机运行时振动过大故障的原因判断与处理(20分)

(1)评估要素:

①根据三相异步电动机运行时的情况,判断振动过大故障的原因;

②根据故障现象查找故障点并排除故障。

(2)评估标准:

①操作准确、熟练(20分);

②操作准确、比较熟练(16分);

③操作准确、熟练程度一般,能完成操作(12分);

④操作较差,只能完成部分操作(8分);

⑤操作差,无法完成(0~4分)。

3.7.9　三相异步电动机轴承过热故障的原因判断与处理(20分)

(1)评估要素:

根据三相异步电动机轴承过热故障的现象,查找故障点并排除故障。

(2)评估标准:

①操作准确、熟练(20分);

②操作准确、比较熟练(16分);

③操作准确、熟练程度一般,能完成操作(12分);

④操作较差,只能完成部分操作(8分);

⑤操作差,无法完成(0~4分)。

3.7.10　电压、电流互感的功能测试与安装使用(20分)

(1)评估要素:

电压、电流互感器的功能测试与安装使用。

(2)评估标准:

①操作准确、熟练(20分);

②操作准确、比较熟练(16分);

③操作准确、熟练程度一般,能完成操作(12分);

④操作较差,只能完成部分操作(8分);

⑤操作差,无法完成(0~4分)。

3.8 电缆的使用

3.8.1 切割电缆(20分)

(1)评估要素:

正确选择与切割电缆。

(2)评估标准:

①操作准确、熟练(20分);

②操作准确、比较熟练(16分);

③操作准确、熟练程度一般,能完成操作(12分);

④操作较差,只能完成部分操作(8分);

⑤操作差,无法完成(0~4分)。

3.8.2 电缆端头处理方法和连接(20分)

(1)评估要素:

处理电缆端头及连接。

(2)评估标准:

①操作准确、熟练(20分);

②操作准确、比较熟练(16分);

③操作准确、熟练程度一般,能完成操作(12分);

④操作较差,只能完成部分操作(8分);

⑤操作差,无法完成(0~4分)。

3.9 照明设备的维护

3.9.1 日光灯灯具的安装与维护(20分)

(1)评估要素:

①日光灯灯具的安装;

②检查进线;

③检查启辉器;

④检查日光灯;

⑤检查镇流器;

⑥检查室外日光灯具水密状况。

(2)评估标准:

①操作准确、熟练(20分);

②操作准确、比较熟练(16分);

③操作准确、熟练程度一般,能完成操作(12分);

④操作较差,只能完成部分操作(8分);

⑤操作差,无法完成(0~4分)。

3.9.2 白灯灯具故障的原因判断与处理(20分)

(1)评估要素:

在 10 min 内查明故障原因并排除。

设置以下故障中的一种或两种：

①灯泡不发光；

②灯泡发光强烈；

③灯光忽亮忽暗或时亮时熄；

④连续烧断熔丝；

⑤灯光暗红。

（2）评估标准：

①操作准确、熟练（20分）；

②操作准确、比较熟练（16分）；

③操作准确、熟练程度一般，能完成操作（12分）；

④操作较差，只能完成部分操作（8分）；

⑤操作差，无法完成（0~4分）。

3.9.3　日光灯常见故障的原因判断与处理（20分）

（1）评估要素：

在10 min内完成查找故障原因并排除。

设置以下故障中的一种或两种：

①灯管不发光；

②灯管两端发亮，中间不亮；

③启辉困难（灯管两端不断闪烁，中间不亮）；

④启辉困难（灯管两端不断闪烁，中间亮）；

⑤镇流器异声。

（2）评估标准：

①操作准确、熟练（20分）；

②操作准确、比较熟练（16分）；

③操作准确、熟练程度一般，能完成操作（12分）；

④操作较差，只能完成部分操作（8分）；

⑤操作差，无法完成（0~4分）。

4.评估方法

4.1　评估形式及内容

（1）评估形式

现场实操。

（2）评估内容

本评估项目的组题办法是：3.1~3.4部分抽取一项，3.5~3.6部分抽取一项，3.7~3.8部分抽取两项（其中3.8部分最多抽取一项）；3.9部分抽取一项。由抽取的各项组成一套评估题目。

4.2　成绩评定

一套评估题目总分100分。成绩60分及以上者为及格，60分以下者为不及格。

4.3　评估时间

每人次不超过60 min。

参考文献

［1］张春来,王海燕,孙立新.船舶电气与自动化:船舶电气［M］.大连:大连海事大学出版社,2021.

［2］林凌海,周金喜.船舶电工工艺与电气测试［M］.大连:大连海事大学出版社,2014.

［3］马昭胜.船舶电气设备维护与修理［M］.北京:机械工业出版社,2020.

［4］张春来,吴浩峻.船舶电气设备管理与工艺.3 版［M］.大连:大连海事大学出版社,2016.

［5］廖常初.S7-1200 PLC 编程及应用.4 版［M］.北京:机械工业出版社,2021.

［6］侍寿永.西门子 S7-1200 PLC 编程及应用教程.2 版［M］.北京:机械工业出版社,2021.